책장 속의 키워드

책장 속의 키워드

초판 1쇄 발행 2016년 5월 15일

지 은 이   윤슬
캘리그라피   마야
발 행 인   권선복
편집주간   김정웅
디 자 인   최새롬
마 케 팅   정희철
전 자 책   신미경
발 행 처   도서출판 행복에너지
출판등록   제315-2011-000035호
주   소   (07679) 서울특별시 강서구 화곡로 232
전   화   0505-613-6133
팩   스   0303-0799-1560
홈페이지   www.happybook.or.kr
이 메 일   ksbdata@daum.net

값 15,000원
ISBN   979-11-5602-375-3   03190

Copyright ⓒ 윤슬, 2016

도서출판 행복에너지는 독자 여러분의 아이디어와 원고 투고를 기다립니다. 책으로 만들기를 원하는 콘텐츠가 있으신 분은 이메일이나 홈페이지를 통해 간단한 기획서와 기획의도, 연락처 등을 보내주십시오. 행복에너지의 문은 언제나 활짝 열려 있습니다.

책장 속의 키워드

오늘이 모여 인생을 만듭니다

글 **윤슬**
캘리그라피 **마야**

도서
출판 **행복에너지**

책 속에 길이 있다.

세상을 살아가다 보면, '용기'를 필요로 하는 경우가 생각보다 많이 있다. 미움받는 느낌, 상처받는 느낌, 하물며 행복에 겨운 순간에도 삶은 우리에게 묻는다. 미움받는 것이 두렵지 않은지, 상처받는 것이 두려워 피하고 싶지 않은지, 진짜 행복한지 질문한다.

누군가 두려움은 없애는 것이 아니라 이겨내는 것이라고 했다. 하지만 두려움을 이겨낸다는 것, 그것은 말처럼 쉽지 않다. 적어도 나는 그랬다. 미움받은 느낌, 상처받은 느낌, 아픈 느낌. 그것에 대해 이야기하고 싶었다. 투정 부리고 싶었고, 넘어지게 만든 이유를 거창하게 설명하고 싶었다.

"넘어진 김에 쉬어간다."라는 말을 핑계 삼아 눌러앉은 날도 제법 많다. 그렇게 보냈던 시간들, 여전히 기억 저편 어딘가에 잠들어 있다. 현실을 바라보는 것이 두려웠고, 누군가 다른 무엇 때문이라며 원망하고 싶어 했다. 그것만 아니었다면, 그 누군가만 아니었다면 "이렇게 되지 않았을 것이다."라고 소리치기 바빴다.

물론 이제는 '그 시간들이 나를 키웠다.'며 여유를 부려보지만, 그
땐 그랬다. 끝이 보이지 않는 터널을 혼자 걸어가는 그런 느낌이었다.
어느 곳으로도 차가 다니지 않는 캄캄한 터널을 무작정 걸어가는 느낌
이었다.

가끔 지나가는 차들의 경적소리에 놀란 거북이마냥 몸을 숨기기에
바빴다. 보고 싶지 않았다. 무엇이 지나가는지, 무슨 소리였는지 제
대로 보고 싶지도, 듣고 싶지도 않았다. 어디로 가야 하는지 돌아가
는 길을 잃어버린 거북이처럼 그냥 걷고 있었다.

그러던 어느 날, 무엇인가 바람에 날려 오기 시작했다.
마치 고향에서 보내온 편지처럼 따뜻함이 잔뜩 묻어있는 그것은
공기를 가르며 한걸음에 달려와 얼굴을 스치는가 싶더니 순식간에
몸을 관통하며 빠져나갔다.

그리고는 무슨 일이 일어난 것인지 정신 차릴 사이도 없이 또다시
날아들었다. 하지만 이번에는 달랐다.

아까보다는 조금 느려진 속도가 한결 여유로웠다. 얼굴을 어루만 지는가 싶더니 천천히 귓가로 달려가는 움직임이 싫지 않았다.

"괜찮아. 잘해왔어."
"괜찮아. 지금까지 최선을 다했다는 거 알아."
"괜찮아. 괜찮아. 정말."

알 수 없는 이상한 상황이 벌어졌지만 그 목소리가 위안이 되었다. 그러면서 눈물이 흘러나왔다. 아니, 울음보가 터진 사람처럼 한참을 울었다. 울음이 나오면 울고, 멈추면 멈추었다. 그렇게 몇 차례 반복 하는 사이, 터널 끝으로 가느다란 빛이 들어오기 시작했다.

책. 책과의 인연은 그렇게 시작되었다. 그때부터 얼마만큼의 책을 어떻게 읽었는지 모르겠다. 흔한 말로 닥치는 대로 읽었던 것 같다. 눈에 띄면 읽고, 마음이 멈추면 책도 멈추었다. 나를 하늘 높이 띄우 기도 하고, 벼랑 끝으로 몰고 가는 방식에도 점점 익숙해져갔다.

웃는 날이나 우는 날 할 것 없이 늘 그렇게 곁에 있었다. 아니, 일부러 더 찾았다. 울고 싶은 날 더 울고 싶어서, 웃고 싶은 날 더 웃고 싶어서.

그러면서 어느 날 깨달았다. 소크라테스가 왜 그렇게 "너 자신을 알라."라고 말했었는지.

나는 나를 잘 모르고 있었다. 어떤 사람인지, 무엇을 두려워하는지, 무엇을 좋아하는지, 어떻게 살고 싶은지 모르고 있었다. 다른 사람을 위해 살지 않는다고 말하는 그 순간에도 다른 사람의 길을 좇고 있었다. 바로 그 깨달음이 이번 책의 시작이었다.

나와 같은 사람들. 자신을 알고 있다고 말하지만 사실 자신에 대해 아는 것이 많지 않은 사람들, 다른 사람을 위해 살지 않는다고 하면서 다른 사람을 위해 살고 있는 사람들, 자신이 아닌 다른 것이나 다른 사람에게서 원인을 찾는 사람들, 자신 안에 정말 무엇이 있는지 궁금해하는 사람들. 그들에게 얘기해주고 싶었다.

"당신의 인생을 살아라."

"누구도 당신을 불행하게 만들 수 없다."

"스토리텔링이 아니라 당신의 진짜 스토리가 필요하다."

"당신을 믿어라."

"당신 안에서 찾아라."

이 진실을 위대한 인물들이 반복해서 얘기하고 있음을 말해주고 싶었다. 위대한 인물들의 표현을 들려주고 싶었다. 삶이 숙제가 아닌 축제가 될 수 있음을 전해주고 싶었다. '지금까지의 역사는 바꿀 수 없지만 지금부터의 역사는 바꿀 수 있다.'는 신념으로.

삶을 춤추게 하는 방법, 그 방법을 배울 수만 있다면 분명 우리는 더 나은 사람, 더 나은 삶을 살게 될 것이다. 이번 책이 그 일에 쓰이기를 희망해본다. 아직 읽어보지 않은 책을 만났을 때는 작은 호기심이 당신의 삶에 끼어들기를 희망해본다. 이미 읽어본 책을 다시 만났을 때는 깊은 탐구심이 당신의 의식에 지각변동을 일으킬 수 있기를 희망해본다.

인생은 '의미를 발견해내는 자들의 몫'이라고 하였다.

인생의 의미를 찾아 떠나는 여행.

당신을 찾아 떠나는 여행. 이제 떠나보자.

2016년

윤슬[김수영]

목차

프롤로그 004

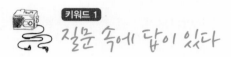

키워드 1
질문 속에 답이 있다

인생수업 017
지금 인생이 네게 묻고 있다. 오늘 무엇을 배웠니?

스물아홉, 1년 후 죽기로 결심했다 026
제대로 한판, 붙어보기라도 했어?

살아온 기적, 살아갈 기적 036
지금처럼 살고 싶어? 지금까지와 다르게 살고 싶어?

마법의 순간 045
심장의 한가운데, 무엇을 품고 있니?

인생의 중요한 순간에 질문해야 하는 것들 053
행동하지 않는 질문, 결국 '질문'이다.

하버드 새벽 4시 반 061
질문하고 대답할 수 있어야 성장한다.

논어 068
'단 한 권의 책'을 가지고 있는가?

소크라테스의 변명 075
소크라테스는 죽음으로 가르쳤다. 너 자신을 알아.

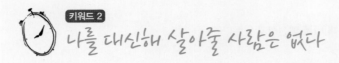

키워드 2

나를 대신해 살아줄 사람은 없다

생각하는 대로 살지 않으면 사는 대로 생각한다 ·········· 083
다른 사람을 기쁘게 하기 위해 살지 마라.

알리바바 마윈의 12가지 인생강의 ··················· 090
인생은 경험이다.

사랑하라, 한 번도 상처받지 않은 것처럼 ·············· 098
인생에는 규칙이 없다.

나는 이렇게 될 것이다 ························· 105
어느 길이든 훌륭함으로 가는 길은 있다.

혼자 있는 시간의 힘 ························· 112
혼자 서 있을 수 있는 사람이 함께 서 있을 수 있다.

네가 헛되이 보낸 오늘은 어제 죽어간 이가 그토록 기다리던 내일이다 118
아직 우리는 살아있다.

세상의 중심에 너 홀로 서라 ····················· 122
매일매일 완전히 새로운 날을 살아라.

키워드 3

순간이 모여 인생을 만든다

세계 최고의 인재들은 왜 기본에 집중할까 ············· 131
뿌리 깊은 나무는 쓰러지지 않는다.

어떻게 살 것인가 ··························· 137
성장은 '어제의 나'와 '오늘의 나' 사이의 간격이다.

생애 최고의 날은 아직 살지 않은 날들 ··············· 144
긍정을 선택하는 힘, 무죄다.

독서는 절대 나를 배신하지 않는다 ······················· *150*
책 속에 길이 있다.

끝까지 하는 힘 ·· *156*
이길 수 있는 게임으로 승부를 벌여라.

군주론 ··· *163*
네 인생의 주인이 되어라. 자신의 역량을 키워라.

천 개의 성공을 위한 작은 행동의 힘 ························ *171*
끈기가 있어서 끝까지 하는 게 아니라 끝까지 하니까 끈기가 생긴다.

한 번은 독해져라 ·· *183*
내가 선택하고 내가 책임진다.

버킷리스트 ··· *188*
인생은 속도가 아니라 방향이다.

키워드 4

당신의 스토리, 아직 끝나지 않았다

태도에 관하여 ·· *197*
'오늘도 무사히'보다는 '오늘도 나답게'

미움받을 용기 ·· *205*
인생의 열쇠는 자기 자신에게 달려있다.

내 나이가 어때서 ·· *213*
나이 핑계 대지 말고, 나이에 주눅 들지 말자.

그대, 스스로를 고용하라 ·································· *222*
간절한 사람은 변화한다.

스물일곱, 이건희처럼 ···································· *232*
진짜 공부, 지금부터 시작이다.

멈추면 비로소 보이는 것들 ·································· *239*
멀리 가고 싶다면. 함께 가자.

니체의 말 "인생을 최고로 여행해라" ·········· *248*
생애 최고의 날은 아직 오지 않았다.

에필로그 ··· *256*
윤슬의 테이블에 초대되었던 손님들 ·················· *260*
출간후기 ··· *262*

질문 속에
답이 있다

인생수업
- 지금 인생이 네게 묻고 있다. 오늘 무엇을 배웠니?

『인생수업』. 큰아이에게 생각하지도 못한 '고관절탈구'라는 병이 찾아왔을 때부터 곁을 지켜주고 있는, 인생을 두고 '배움'이라는 시선을 지니게 해준 고마운 책이다. '받아들이는 것'도 '용기'라는 의식을 머릿속에 심어준 책. 바로『인생수업』이다.

배움을 얻는다는 것은 다른 사람이 아닌 자기 자신의 인생을 사는 것을 의미합니다.

갑자기 더 행복해지거나 부자가 되거나 강해지는 것이 아니라

세상을 더 깊이 이해하고 자기 자신과 더 평화롭게 지내는 것을 의미합니다.

'난 내 삶이 불완전하기 때문에 더 즐겁다'고 누군가는 말했듯이,

삶의 배움을 얻는다는 것은

삶을 완벽하게 만드는 것이 아니라 있는 그대로 삶을 받아들일 줄 알게 되는 것

입니다.

『인생수업』. 10년을 넘긴 시간 곁을 지켜오면서 늘 묻고 있다. 오늘은 무엇을 배웠니? 처음에는 질문의 의미를 제대로 이해하지 못했던 것 같다. '좋은 것도 내 것이며, 나쁜 것도 내 것'이라는 사실조차 벅찬데, 그것을 넘어 '어떤 배움'이 있었는지 날마다 묻고 있으니 답답할 노릇이었다. 정말 머릿속에는 물음표가 한가득이었다.

물론 그 물음표는 지금도 여전하다. 일상이 늘 기적이 될 수가 없는 탓에, 하루에도 몇 번씩 흔들리고 넘어진다. "흔들리지 않고 피어나지 않는 꽃이 있으랴."라는 위로도 있었지만, 정작 주저앉아 넘어져있을 때에는 그것이 들리지 않았다.

떠오르는 것도 없었고, 보이는 것도 없었다.

고관절탈구. 살아오면서 한 번도 들어보지도 못한 병명에 주저앉고 말았다. 고관절탈구. 글자 하나하나가 산산이 부서지면서 사방을 가득 메우더니, 마치 벌집을 건드린 것처럼 머릿속을 완벽하게 뒤집어놓았다. 혼란스러웠고 복잡했다. 부정하고 싶었다. 넘어진 것도 억울한데 넘어진 까닭조차 불분명했으니. 흔들린 정도가 아니었다.

'왜 내게 이런 일이?'

'왜 나에게만 이런 일이?'

'왜?'

갑자기 불어난 수많은 물음표는 평온한 일상을 완전히 뒤엎어놓았다. 영혼이 빠져나간 시간을 지나고 있었다. '이러면 안 된다. 변해야 한다.'라는 간절함을 발견하기 전까지. 엄마를 의지하고 있는 아이, 엄마의 발끝을 쫓아다니는 아이. 아이가 보이기 시작했다. '더 이상 이러면 안 돼. 더 이상은.' 그렇게 현실을 부정하던 마음에 변화가 생겨나기 시작했다.

'스스로 어떻게 할 수 없는 일이 존재하는구나.'
'어찌할 수 없는 일이 생길 수도 있구나.'
'받아들이는 것. 그것만이 유일한 방법인 것도 있겠구나!'
삶의 근육이 되살아나듯, 천천히 영혼이 되돌아오기 시작했다.
주저앉아 버렸던 바로 그 자리로.

'사람이라는 것, 산다는 것, 인생이라는 것이 이런 것이구나.'
'어찌할 수 없는 일이 생겨나는 것이 인생이구나.'

그때부터 궁금해졌다. 그러면 지금부터는 어떻게 해야 하나? 어떻게 살아야 하지?
앞으로 일어날 수도 있는, 일어나지 않을 수도 있는 모든 것들에 대한 두려움이 밀려왔다.
두려움은 깊어졌고, 생각도 많아졌다. 무서웠다. 피하고 싶었다.

하지만 무조건 피한다고 해결될 것 같지 않았다. 그러나 궁금했다.

질문 속에 답이 있다 · · ·

어떻게 살아야 하는지. 어떻게 받아들여야 하는지. 궁금함이 극을 향해 치닫던 그즈음, 『인생수업』에서 나는 실마리를 발견할 수 있었다.

배움. 정확하게 설명할 수는 없지만 그날, 이 단어 앞에서 무장 해제되었다. 부정하는 마음 없이 온전하게 받아들일 수 있었다. 수많은 물음표가 느낌표로 바뀌는 것이 느껴졌다.

그렇게 '선'이 만들어졌다.

'왜 나에게 이런 일이?'라는 한 '점'이 '배움'라는 '또 다른 점'과 연결된 것이다.

모든 것들을 '배움'이라는 울타리로 집어넣는 순간, 모든 것이 분명해졌다.

'배움이라는 태도가 필요하구나.'

'배움을 선택하는 용기가 필요하구나.'

삶을 온전히 받아들이겠다는 배움의 태도. 온몸으로 사랑하겠다는 용기.

내겐 그것이 부족했던 것이다.

행복은 무슨 일이 일어나는가가 아니라, 일어난 일을 어떻게 다루는가에 달려 있습니다.

행복은 일어난 일을 우리가 어떻게 해석하고, 인식하고,

그 전체를 어떤 마음 상태로 받아들이는가에 따라 결정됩니다.

그리고 일어난 일을 어떻게 인식하는가는

어느 쪽으로 마음을 기울이는가에 달려 있습니다.

당신은 사람들과의 관계에서 최악만을 보고 있습니까?

아니면 최선을 보기 위해 노력하는 편입니까?

어떤 것에 관심을 돌리고 마음을 쏟으면 그것은 점점 자라나기 마련입니다.

따라서 최선이나 최악이 우리의 해석 안에서, 그리고 자신 안에서 자라기 시작합니다.

'나는 누구일까?'

'나는 어디에서 왔을까?'

'나는 왜 살고 있을까?'

'나는 어떻게 죽을 것인가?'

가끔 우리는 '죽음'이라는 단어를 지나치리만큼 경계한다. 하지만 '죽음'은 결국 '삶'의 문제이다. 어떻게 죽을 것인가라는 질문은 결국 어떻게 살 것인가와 같은 질문이다. 헤어짐이 있기에 만남이 애틋한 것처럼, 죽음이 있기에 삶이 설레고 가슴 뛰는 것이다.

다시 처음의 질문으로 돌아가 보자. '나는 누구일까?', '어디에서 왔을까?', '왜 살고 있을까?' 이러한 질문의 대답은 과연 누가 해야 할까?

아니, 질문을 바꾸어보자. 이 질문의 대답은 누가 할 수 있을까?

오로지 '자기 자신'뿐이다. 인정하기 싫은 부분, 두려운 부분, 꽁꽁 숨겨두었던 결점들까지 타인이 아닌 자기 자신에게 고백하면서 발견해내야 한다. 자신이 무엇을 두려워하는지. 자신이 무엇을 피하고 싶어 하는지. 자신이 무엇을 인정하기 싫어하는지. 그렇게 질문을 이어가야 한다. 그 과정을 통해 당신은 알아내야 한다. 당신이 무엇을 원하는지, 어떤 삶을 원하는지.

지금까지의 삶을 인정하고 당신의 삶 자체를 받아들이는 것, 여기가 모든 일의 시작점이다. 인생이라는 긴 항해, 앞이 보이지 않는 그 길의 유일한 무기는 오로지 '자기 자신'뿐이다. 물론 가끔 넘어지기도 하고 주저앉아버릴 수도 있다. 그때는 다시 일어나면 된다.

넘어졌으니, 넘어진 것을 알았으니, 그다음에 할 일은 '일어서는 일'뿐이다. '또 하나 배웠구나.'라는 마음으로, '이것을 배웠구나.'라는 깨달음으로 다시 일어나면 된다. 툭툭 털면서 마치 한 번도 넘어지지 않은 사람처럼 일어나면 된다. 넘어질 것을 두려워하지 말자. 넘어진 다음, 일어나면 된다는 것. 이 사실만 잊지 말자.

많은 사람들이 자신을 어리석다고 생각하며 이미 저지른 행동을 후회하거나 자신을 학대합니다. 만일 다른 사람이 실수를 했다면 아마도 당신은 "걱정 마, 누구나 다 그러는데 뭐. 그 정도는 아무것도 아냐." 하고 위로의 말을 건넬 것입니다.

그러면서도 자신이 똑같은 실수를 범하면 스스로를 쓸모없고 실패한 사람이라고 여깁니다. 우리는 오히려 남에게 더 관대합니다.

다른 사람에게 하듯이 스스로에게도 친절하고 너그러워지는 연습이 필요합니다.

물론 실수에 답답해지고, 비슷한 실수를 반복한 느낌에 스스로 분노할 수도 있다. 감당할 수 없는 문제가 삶의 정중앙을 지나가고 있다는 느낌에 두려울 수도 있다. 하지만 '곧 주사가 들어올 거야.'라고 생각하고 주사를 맞으면 덜 아픈 것처럼, 미리 예상하고 살아가는 방법도 좋을 것 같다.

넘어질 수도 있다. 아픔이 생길 수도 있다. 고통이 따를 수도 있다. 사실 어쩌면 우리는 완벽한 모습을 이미 그려놓고, 그것을 좇으면서 살아가기 때문에 더 힘이 드는 건지도 모른다. 하얀 종이에 그림을 하나씩 하나씩 채워가는 것이 아니라 이미 그려진 작품 속에서 자신의 모습을 발견하려고 하기 때문에 더 힘든 건지도 모른다.

지금, 잠깐 멈추어 보자. 머리도 한번 쓰다듬어보고, 어깨도 토닥거려보자.

"지금까지 잘해왔어. 수고했어."
"지금부터 해도 늦지 않아."
"지금, 다시 시작하면 돼."

초등학교에 입학하던 그날처럼, 왼쪽 가슴에 '배움'이라는 이름표를 달고 다시 시작해보자. '몰라서 배운다.'라는 마음으로 살아가 보자. 사실 모르는 게 정상이지 않은가. 모르는 길을 가면서 마치 모든 것을 알고 있는 것처럼 가려고 하니, 더 힘이 든다.

모르는 길이다. 모르는 길이지만 한 번밖에 지나갈 수 없는 길이다. 우리 모두는 그 길을 지나고 있다. 그 길의 한 점에 서 있는 당신. 한 번밖에 지나갈 수 없는 길이다. 이왕이면 최선을 다해 배운다는 마음으로 걸어가 보자. 길이 끝나는 지점에서 후회하는 마음이 조금이라도 적게 생기도록, 최선을 다해 배워보자. 그래서 인생학교의 모든 수업이 끝나는 날, 우리도 이렇게 말해보자.

"이 세상 참 아름다웠다."라고.

생을 다 살고 나서 지난 일들을 되돌아볼 때
내가 그 순간들에 한쪽 다리만 걸치고 있었던 것이 아니라
온전히 나 자신을 바치기 위해 최선을 다했음을 느끼길 바라요.

다른 사람
최성희
김수영

배움

남으로 창을 내어
불어 오는 바람에
몸을 맡긴 채
점심 한 나절을
함께 보내는 것이다.

스물아홉, 1년 후 죽기로 결심했다

- 제대로 한판, 붙어보기라도 했어?

필명 아마리. '아마리'는 나머지, 여분이란 뜻으로, 주인공의 이름인 동시에 책을 통해 전달하고 싶은 메시지라고 할 수 있다. 스스로 부여한 1년. 1년 동안의 아마리 인생이야기.

그 속으로 들어가 보자.

『스물아홉, 1년 후 죽기로 결심했다』이 책은 '1046:1'이라는 어마어마한 경쟁을 뚫고 「제1회 일본감동대상」으로 선정된 감동실화이다.

아마리. 스물아홉의 그녀는 결심한다. 1년 후, 라스베이거스에서 인생을 건 모험을 하고 나서, 아무 미련 없이 떠나겠다고. 물론 그녀가 삶의 종착지를 라스베이거스로 정한 것은 순전히 '우연'이었다.

인연인 듯 우연인 듯 선택한 라스베이거스에서 삶을 끝내기로 결심한 아마리. '끝없이 이어지고 반복되는 삶이 아닌 1년 후에 죽기 위한 삶'을 선택한 아마리.

'스스로 주어진 시간을 1년'이라고 정한 아마리. 아마리는 그때부터 변화하기 시작한다.

김난도 교수님 강연 중에 '인생시계'와 관련해 이런 이야기가 있다. 젊은 청춘들, 스물을 갓 넘긴 이들에게 '인생의 황금기'에 대해 질문했는데, 그들의 대답이 "29.5살"이었다고 한다. 적어도 서른이 되기 전에 '무엇이라도 되어야 한다.'라고 믿고 있었다.

서른이라는 나이가 주는 부담감. 그런 게 있는 것 같다. 그래서일까. '스물아홉, 1년 후 죽기로 결심했다.'라는 아마리의 결심도 이해가 되었다. 무엇인가 되어 있어야 하는데, 무엇인가가 되어 있지 않은 부담감. 나름대로는 그만큼 절실했다는 의미일 것이다.

어차피 죽을 거라면 서른이 되기 직전, 스물아홉의 마지막 날, '이보다 더 좋을 순 없다'고 생각되는 그 멋진 순간을 맛본 뒤에 죽는 거야. 카지노에서 전부를 잃어도 상관없다. 내 인생의 전부를 걸고 승부를 펼쳐 보는 것이다.

그리고 땡, 서른이 되는 날 미련 없이 목숨을 끊는다.

1년. 내게 주어진 날들은 앞으로 1년이야. 지금 나에게는 '죽지 못한 탓에 맞이하게 된 시간'밖에 없다. 나는 지금부터의 시간을 '남아 있는 목숨'이라 부를 것이다. 그날부터 내 인생의 카운트다운이 시작되었다.

1년 후 죽기로 결심한 그녀. 죽음을 향해 달려가기 시작한다. 스스로 1년밖에 남겨놓지 않은 그녀는 자신의 모든 것을 걸고 살아가기 시작한다. 어차피 1년밖에 안 사는데, 이번이 마지막일지도 모르는데. 하루, 이틀, 한 달, 두 달. 그녀는 자신의 시간을 그렇게 채워갔다.

그러면서 자신도 모르는 사이에 점점 변화해가기 시작했다. 자신의 선택이 최선이며, 라스베이거스에서의 마지막 모습을 위해, 원하는 결과로 장식하고 싶었던 그녀로서는 어쩌면 당연한 변화였는지도 모른다. 보다 적극적인 사람으로. 보다 열정적인 사람으로. 그리고 1년 후, 그녀는 라스베이거스에 도착한다. 꿈에서나 볼 것 같았던, 상상으로나 꿈꿀 수 있었던 라스베이거스. 바로 그 라스베이거스에 도착한다.

라스베이거스에서의 환상적인 시간들. 그녀는 그 시간을 더할 나위 없이 완벽하게 즐겼다. 더 이상 바라는 것이 없다는 마음으로 충실하게 보낸다. 주마등처럼 지나온 1년을 떠올리며, 꿈에서 그리던 라스베이거스의 완벽한 하루를 보낸 아마리.

과연 그녀는 어떻게 되었을까? 이미 예상하고 있겠지만, 그녀는 결정한다. 죽지 않기로, 아니 '죽지 않는 삶'을 선택하기로. 그렇다. 지난 1년의 시간, 죽기 위해 달려온 그 시간, 아마리는 자신도 모르는 사이에 자신의 알을 깨뜨렸던 것이다.

할 수 없다고 생각했던 것에게 도전장을 내밀었고, 엄두조차 낼 수 없다고 믿었던 것에게도 도전장을 내밀었다. '삶을 선택할 수 있다.'라는 의지로, 적극적이며 열정적으로 살아낸 1년. 그 1년은 아마리에게 새로운 선택을 하게 한다.

진짜 나의 삶을 살고 싶다.
진짜 이야기를 쓰고 싶다.

이상하다. 갑자기 세상이 달라진 느낌이다. 겉으로는 평소와 다를 게 하나도 없었지만, 거리의 자동차와 건물들, 오가는 행인들, 그리고 가로수와 하늘 모두가 좀 더 선명하게 보였다.

늘 나하고는 아무런 상관없이 저만치 거리를 두고 있던 세상이 어딘가 구체적인 윤곽을 드러내며 내게 다가오는 느낌이랄까. 무엇보다 내 안에서 벌어지고 있는 조용한 음모로 인해 몸과 마음이 바짝 조여지는 기분이었다. '그래, 나는 지금 변화하고 있는 중이야!' 이제 나에게 '계획'이라는 게 생겼고, 반드시 달성해야 할 목표가 생긴 것이다.

계획, 목표. 그런 게 이토록 대단한 것이었나?

시야를 변화시키고 사람의 걸음걸이마저 확 바꿔버릴 만큼 힘 있는 것이었나?

사실 '스물아홉, 1년 후 죽기로 결심했다'라는 제목에 쉽게 마음이 열리지 않았다.

'죽기로 결심했다.'는 대담한 표현 때문이었는지 '스물 몇쯤에 대한 기억' 때문인지 알 수 없지만 부담스러웠다. 죽음이 두렵지 않다고 여길 만큼 '인정받는 것'에 목말랐던, 피하려고 하면 할수록 오히려 더 깊어졌던 상처들. 내게도 있었다.

하지만 나는 아마리처럼 '1년 후 죽겠다.'는 독한 결정도 내리지 못했고, '목표를 정해서 살아보겠다.'라며 다부지게 덤벼들지도 못했다. 이러지도 저러지도 못한 채, 그저 마음만 복잡했다. 그럴싸한 이유를 찾을 수도 있겠지만 '할 수 없는 이유'를 찾기에 바빴고, 이런 상황에 놓이게 만든 현실을 부정하는 일에 더 열중했다.

그러면서 외치고 다녔다. "누가 내 알 좀 깨주세요!", "여기 좀 봐주세요!", "이것만 어떻게 해결해 주세요!"라고. 나를 더 잘 알고 있을 누군가를 향해 소리쳤다. 어떻게 하면 되는지, 무엇을 하면 되는지 족집게처럼 정답을 골라달라고 소리쳤다.

스스로 문제풀이를 해야 하는데, 정답만 궁금했던 것이다. 무엇만 하면 되는지, 어느 것만 하면 되는지. 부리로 있는 힘을 다해 알을 깨뜨려야 하는 시간에 밖에서 누가 알을 깨어주기만을 기다리고 있었다. 아마리와 나의 차이, 여기에 있었다.

롯폰기에서 만난 할머니, 맘은 아마리와 미나코에게 이렇게 말한다.
"너희들 몇 살이라고 했지? 스물아홉? 서른? 요즘 여자애들은 서른만 넘으면 나이 들었다고 한숨을 푹푹 쉰다며? 웃기지 말라고 해. 인생은 더럽게 길어. 꽤 살았구나. 해도 아직 한참 남은 게 인생이야. 이 일 저 일 다 해보고 남편 자식 다 떠나보낸

뒤에 계속 살아가야 할 만큼 길지. 100미터 경주인 줄 알고 전력질주하면 보면 큰코
다쳐.

아직 달려야 할 거리가 무지무지하게 많이 남았는데, 시작부터 힘 다 쏟으면 어쩔
거야?

내가 너희들한테 딱 한마디만 해줄게.

60 넘어서도 자기를 즐겁게 해줄 수 있는 게 뭔지 잘 찾아봐. 그걸 지금부터 슬슬
준비하란 말이야. 내가 왜 이 나이 먹고서도 매일 술을 마시는지 알아? 빈 잔이 너무
허전해서 그래. 빈 잔에 술 말고 다른 재미를 담을 수 있다면 왜 구태여 이 쓴 걸 마
시겠어?"

"맘, 그런 재미를 어디서 어떻게 찾아야 할지 알 수만 있다면 얼마나 좋겠어요?"

"닥치는 대로 부딪쳐 봐. 무서워서, 안 해본 일이라서 망설이게 되는 그런 일일수
록 내가 찾는 것일 수도 있으니까."

아마리는 말한다. 사회에 나가서야 비로소 학교 때 보이지 않았던
'의지의 인간'들이 보이기 시작했다. 자기가 좋아하는 것을 위해 살아
가는 사람들. 두려움이 없는 것이 아니라 두려움을 견디며 묵묵히 걸
어가는 의지의 사람들. 그들이 보이기 시작했다.

이쯤에서 당신에게도 한번 물어보고 싶어진다.

나이 60이 넘어서도 즐겁게 하고 싶은 일이 있는지. 아니, 질문을
이렇게 바꿔보면 더 좋을 것 같다. 한번 해 보고 싶지만 망설여지는
일이 있는지. "나의 죄가 하고 싶은 게 없는 것이다."라고 말하는 사

람도 있던데, 그럴 때는 동물적인 감각에 의존해봐도 좋을 것 같다. "즐겁게 할 수 있을 것 같아." 혹은 "한 번은 해 보고 싶었다."라는 반응을 보인 일이 없었는지.

그리고 만약 그런 일이 있다면, 결과를 떠나 한 번이라도 시도해보았으면 좋겠다. 1년이 너무 길다면 6개월, 혹은 3개월 정도라도 시도해보았으면 좋다. 지극히 개인적인 생각이지만 살아갈수록 더욱 확신하는 게 있다. 늦은 시작보다 더 두려워해야 하는 것. 그것은 바로 '시작조차 하지 않는 것'이다.

줄곧 패배자로 살아오던 내가 태어나서 처음으로 도전자가 되었다. 그리고 나와는 아무 상관없었던 라스베이거스를 인생의 마지막 도달점으로 삼았다. 생각 속에 어떤 씨앗이 있었기에 이런 변화가 생겼을까?

목표가 생기자 계획이 만들어지고, 계획을 현실화시키려 보니 전에 없던 용기가 나오기 시작했다. 생각은 생각일 뿐이고 몽상은 그저 몽상일 뿐이었는데, 그런 내가 최초로 몸을 움직였다. 발가락부터 조금씩 움직여본 것이다. 그러자 기적 같은 일들이 벌어지기 시작한 것이다.

줄곧 패배자라고 스스로 믿고 있었던 그녀는 "1년 후에 죽겠다."라는 거북스러운 계획 앞에서 조금씩 변화했다. 두려워서 하지 않았던 일, 망설였던 일 그 모든 것들에게 과감하게 도전장을 내밀었다. 마지막 기회라는 생각으로.

'두려워해야 할 이유'를 찾는 자신에게 '해야만 하는 이유'를 들이 밀었다. '망설이는 자신'에게 이번이 '마지막 기회'라며 벼랑 끝으로 밀고 갔다. 그렇게 1년을 살아낸 그녀는 라스베이거스에서 선택한다. 죽지 않는 삶을 살기로, 진짜 자신의 삶을 살기로.

죽기 위해 달려온 그녀였다. '1년 후 어떻게 죽을 것인가.'만을 생각하며 달려온 그녀였다.

하지만 그녀는 몰랐다. 자신이 그렇게 죽기 위해 달려오는 동안 그녀는 자신도 모르게 배웠던 것이다. 어떻게 살아야 하는지를.

스스로에게 물어보자. 지금, 죽을 만큼 힘이 드는가? 모든 것을 포기하고 싶은가? 그렇다면 아마리처럼 독한 마음을 먹어보자. 아마리처럼 '앞으로의 삶이 1년뿐이다.'라고 가정해보자. 예를 들어 오늘 아침, 병원에 정기검진을 갔는데, 시한부인생을 선고받았다고 가정해보자. "남아있는 시간이 딱 1년뿐이다."라는 청천벽력 같은 소리를 들었다고 가정해보자.

그리고 거기에서 딱 한걸음만 더 나아가보자.

무엇 때문이어도 좋고, 누구 때문이어도 좋다. 무엇이 떠오르거나 누군가의 얼굴이 떠오른다면 그것을 위해, 그들을 위해 딱 1년을 쏟아보자. 아마리처럼 '마지막 기회'를 얻었다는 마음으로 그 1년을 위해 살아보자. '1년 후에 죽는데, 무엇이 두렵겠느냐.'라는 마음으로 제대로 한번 덤벼보자. 그렇게 1년을 살아낸 그날, 다시 질문해보자.

'이대로 떠나도 괜찮은지?'
'아무런 미련이나 후회는 없는지?'
'아쉬운 것은 없는지?'
'정말 남기고 싶은 것은 없는지?'

그때 가서 결정해도 늦지 않을 것이다.
죽을 만큼 힘이 들었는지. 정말 모든 것을 포기해야 하는지.

어떻게 죽을 것인가
라는 질문.
어떻게 살고 싶은가
와 같은 질문이다

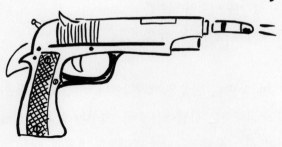

살아온 기적, 살아갈 기적
- 지금처럼 살고 싶어? 지금까지와 다르게 살고 싶어?

가끔 누군가를 만나면 이런 질문을 던지곤 한다.

"왜 살고 있는지 생각해본 적이 있어?"

"살아가는 이유에 대해 생각해본 적 있어?"

약간 생뚱맞은 이 질문에, 반응은 제각각이다. 이런 질문을 하는 이유가 무엇인지 궁금해하는 사람에서부터, '자신의 삶을 무시당했다.'는 느낌에 '버럭' 하는 사람, "그렇게 바라보지 마세요. 나도 알아요."라며 눈가에 눈물부터 글썽이는 사람까지.

단지 궁금해서 물어본 것뿐인데, 누군가에게는 한 번도 생각해보지 못한, 또 누군가에게는 외면하고 싶은, 또 누군가에게는 두려운 질문이었던 모양이다. 그럼에도 불구하고 여전히 물어본다. "왜 살고 있는지 생각해본 적이 있어?", "살아가는 이유에 대해 생각해본 적 있어?" 가끔 조금 더 적극적일 때는 "왜 살고 있어?"라고.

적어도 왜 살고 있는지부터 대답할 수 있어야 무엇을 하고 싶고, 어떻게 살고 싶은지가 나온다고 생각한다. "왜 살고 있냐고? 죽지 못해서 산다." 이건 너무 마음 아픈 대답이다. 그러나 곰곰이 생각해보면 우리는 그런 교육을 받아본 적이 없다. 왜 살아야 하는지, 무엇을 하고 싶은지, 어떻게 살고 싶은지 스스로에게 질문하라고 배운 적이 없다.

내 마음이 너무 흐려서인지 마음이 맑아지기는커녕 오히려 슬그머니 반감이 일었다.

오늘처럼 날씨도 기분도 찌뿌드드하고 할 일이 많을 때는 안 그래도 이것저것 세상이 내게 요구하는 게 너무 많다 싶은데 '착함'까지도 강요당하는 느낌이다.

나의 비뚤어진 마음은 정 교수가 보낸 '마음이 맑아지는 글'에 조목조목 반항의 사족을 달았다.

－ 오늘 내가 헛되이 보낸 시간은 어제 죽은 이가 그토록 그리던 내일이다.

(그래, 나는 오늘도 헛되이 보냈다. 아니 오늘뿐인가, 어제도 그제도 계속 헛되이 보냈다. 그러니 어쩌란 말인가. 어제 죽은 사람 대신 내가 살아 있어 미안해하라는 말인가.)

－ 열광하는 삶보다 한결같은 삶이 더 아름답다.

(이 말은 거꾸로 뒤집어서 한결같은 삶이 별 볼 일 없다는 뜻 아닌지?)

- 남을 돕는다는 것은 우산을 들어 주는 것이 아니라 함께 비를 맞는 것이다.

(정말 알다가도 모를 일이다. 우산을 들어주면 둘 다 조금씩이라도 비를 피할 텐데 왜 ′멀쩡한 우산을 두고 함께 비를 맞아야 하지?)

- 살다 보면 일이 잘 풀릴 때가 있다. 그러나 그것이 오래가지는 않는다.
살다 보면 일이 잘 풀리지 않을 때가 있다. 이것도 오래가지 않는다.

(이론적으로는 그렇다는 말이다. 다른 사람들은 일이 늘 잘 풀리고, 그건 오래간다. 내 삶은 잘 풀리지 않는다. 그것도 오래간다.)

- 사람은 누구에게나 배운다.
부족한 사람에게서는 부족함을, 넘치는 사람에게서는 넘침을 배운다.

('부족함', '넘침'을 배워서 무엇하는가. 넘치지도 않고 부족하지도 않은 딱 '알맞음'을 배워야 하는 것 아닌가.)

- 스스로를 신뢰하는 사람만이 다른 사람에게 성실할 수 있다.

(이 말은 정말 꼭 날 두고 하는 말 같다. 난 기분파이고, 걸핏하면 내 말을 내가 어기고, 어떤 때는 똑똑하고 어떤 때는 바보고, 절대 나 스스로를 신뢰하지 못한다. 그렇다면 다른 사람에게도 성실할 수 없단 말인가?)

사실 따지고 보면 구구절절이 맞는 말인데, 순전히 반항을 위한 반항을 하고 있는 꼴이다. 가끔 내 마음속에는 이렇게 평화를 싫어하고 오히려 분란 일으키기를 좋아하는 도깨비 같은 게 살고 있는 것 같다.

겉으로는 자타가 공인하는 평화와 질서, 화해 찬미론자이지만, 내 속 어딘가에는 분명히 질서에 반항하고, 완벽한 조화를 불편해하고 일탈을 꿈꾸는, 나도 모르는 내가 있다.

어쩌면 누구든지 마음속에는 작든, 크든 그런 도깨비가 살고 있는지 모른다.

조목조목 반항하는 그녀의 말이 좋았다. 왜냐하면, 나 역시 저런 도깨비와 함께 살고 있으니. 구구절절 맞는 소리지만, 그래서 더 싫을 때가 있다. 정말 이유 없이 반항하는 '내면의 나'가 고개 내밀 때는 막무가내가 된다. 세상이 나와 아무 상관없이 너무 잘 굴러가고 있다는 사실에 그냥 반항하고 싶어진다. "왜? 그래서? 어떻게 하라고?"라며 따지고 싶어진다.

그래서일까. 그녀가 따지듯, 반항하듯, 올려놓은 글에 속마음을 들킨 사람처럼 부담스러우면서, 다른 한편으로는 시원했다. 아마 나만 그런 도깨비를 가지고 있지 않다는 안도감 때문이었던 것 같다.

그런데 정 교수가 보내준 글에는 두 문장이 더 남아 있었다.
'행복의 세 가지 조건은 사랑하는 사람들, 내일을 위한 희망, 그리고 나의 능력과 재능으로 할 수 있는 일이다.' 오늘따라 더 기세가 등등한 내 마음속의 도깨비도 이 말에는 반기를 들지 못했다. 분명 사랑하는 사람이 있어 행복하고, 내일을 위한 희망이 있어 행복하고, 그리고 나의 능력과 재능으로 할 수 있는 일이 있어서 다행이라는 것은 나도 순순히 인정하지 않을 수 없기 때문이다.

그녀는 말한다. 사랑하는 사람, 내일을 위한 희망, 능력과 재능으로 할 수 있는 일이 있어 행복하다. 누구나 그중에 하나쯤은 가진 것 같다. 한참을 헤매다가도 제자리로 돌아오게 만드는 무엇. 한걸음 더 내딛게 만들기도 하고, 그 자리에 멈추게 만드는 무엇. 그 무엇을 하나쯤은 가지고 있는 것 같다. 물론 나 역시.

장영희. 그녀는 사랑하는 사람, 희망, 능력과 재능으로 할 수 있는 일에서 실마리를 찾은 것 같다. 살아가는 이유에 대해서, 무엇으로 살아야 하는지에 대해서. '왜 살아가는지.'의 실마리를 찾은 것 같다. 그러면서 그녀는 덧붙인다.

모두 각자의 몫을 견디며 산다. 그러니 자신만 세상에서 가장 무거운 짐을 들고 있는 사람처럼 살지 마라. 어디에서 찾아내든 무엇에서 찾아내든 살아야 하는 이유를 찾아라. 그리고 그것을 증명하는 삶을 살아라.

암 선고를 받고, 항암치료를 받고, 다시 재발해서 더 강한 항암치료를 받던 그녀. 그녀는 이미 이 세상 사람이 아니다. 지금까지 자신이 살아온 날에 대한 기록을 우리에게 선물처럼 남겨주고 떠났다. 소크라테스가 죽음으로 우리에게 전해주었던 메시지처럼, 우리에게 들려주고 싶었던 그녀의 진심. 한번 들여다보자.

내가 살아보니까 정말이지 명품 핸드백을 들고 다니든, 비닐봉지를 들고 다니든 중요한 것은 그 내용물이라는 것이다.

명품 핸드백에도 시시한 잡동사니가 가득 들었을 수 있고 비닐봉지에도 금덩어리가 담겨 있을 수 있다. 물론 이런 말을 해봤자 사람들, 특히 젊은 사람들에게 이상한 궤변 말라고 욕이나 먹겠지만, 내가 살아보니까 그렇다는 말이다.

내가 살다 보니 남들의 가치 기준에 따라 내 목표를 세우는 것이 얼마나 어리석고, 나를 남과 비교하는 것이 얼마나 시간 낭비이고, 그렇게 함으로써 내 가치를 깎아내리는 것이 얼마나 바보 같은 짓인 줄 알겠다는 것이다. 그렇게 하는 것은 결국 중요하지 않은 것을 위해 진짜 중요한 것을 희생하고, 내 인생을 잘게 조각내어 조금씩 도랑에 집어넣는 일이기 때문이다.

나도 어렸을 때 주위 어른들이 겉모습, 그러니까 어떻게 생기고 어떤 옷을 입고가 중요한 게 아니라 마음이 중요하다고 할 때 코웃음을 쳤다. 자기들이 돈 없고 못생기고 능력이 없으니 그것을 합리화하려고 하는 말이라고 생각했다. 그렇지만 내가 살아 보니까 정말 그렇다.

결국 중요한 것은, 껍데기가 아니고 알맹이다. 겉모습이 아니라 마음이다. 예쁘고 잘생긴 사람은 TV에서 보거나 거리에서 구경하면 되고 내 실속 차리는 것이 더 중요하다.

재미있게 공부해서 실력 쌓고, 진지하게 놀아서 경험 쌓고, 진정으로 남을 대해 덕을 쌓는 것이 결국 내 실속이다. 내가 살아보니까 내가 주는 친절과 사랑은 밑지는 적이 없다. 내가 남의 말만 듣고 월급 모아서 주식이나 부동산 투자한 것은 몽땅 다 망했지만, 무심히 또는 의도적으로 한 작은 선행은 절대로 없어지지 않고 누군가의 마음에 고마움으로 남아 있다.

소중한 사람을 만나는 것은 1분이 걸리고 그와 사귀는 것은 한 시간이 걸리고 그를 사랑하게 되는 것은 하루가 걸리지만 그를 잊어버리는 것은 일생이 걸린다는 말이 있다. 그러니 남의 마음속에 좋은 기억으로 남는 것만큼 보장된 투자는 없다. 어차피 세월은 흐르고 지구에 중력이 존재하는 한 몸은 쭈글쭈글 늙어가고 살은 늘어지게 마련이다.

내가 죽고 난 후 장영희가 지상에 왔다 간 흔적은 별로 없을 것이다. 어차피 지구상의 65억 인구 중에 내가 태어났다 가는 것은 아주 보잘것없는 작은 덤일 뿐이다. 그러나 이왕 덤인 김에, 있어도 좋고 없어도 좋은 덤이 아니라, 없어도 좋으나 있으니 더 좋은 덤이 되고 싶다.

하지만 아무리 내가 입 아프게 말해도 이 모든 것은 절대로 말이나 글로 배울 수 있는 게 아니다. 진짜 몸으로 살아내야 깨달을 수 있다. 그래서 먼 훗날 내가 이 땅에서 사라진 어느 가을날, 내 제자나 이 책의 독자 중 한 명이 나보다 조금 빨리 가슴에 횅한 바람 한 줄기를 느끼면서 "내가 살아보니까 그때 장영희 말이 맞더라."라고 말하면, 그거야말로 내가 덤으로 이 땅에 다녀간 작은 보람이 아닐까.

솔직하고 담백한 그녀의 표현에서 정직함과 소박함 그리고 진실함이 느껴진다. 그녀에 대한 신뢰감 때문인지 그녀의 말에 더욱 믿음이 간다. 그러면서 마음속으로 기도해본다. 나도 장영희처럼, 그렇게 살다가 떠나고 싶다.

지구상의 수많은 인구 중에 내가 다녀간다는 것은 아주 작은 삶에 불과하겠지만 이왕이면 '있어도 좋고, 없어도 좋은 삶'이 아니라 '없어도 좋으나 있으니 더 좋았던 삶'을 살다 가고 싶다. 명품 백이나 명품 옷을 가지지는 못했어도, 진심을 담아낸 그릇으로 살다 가고 싶다.

한 번 다녀가는 인생, 그저 그런 것이 아니라 의미를 발견할 수 있는 삶이었으면 좋겠다. 아직 늦지 않았다고 생각한다. 지금부터라도 그렇게 살기 위해 더욱 노력해봐야겠다. 있어서 더 좋았던 인생, 있어서 더 좋았던 사람, 그 길에 이르는 방법을 찾아봐야겠다.

그러면서 궁금해진다.

당신의 생각은 어떠한지.
당신은 어떤 길을 찾고 있는지.
당신은 무엇을 바라보고 있는지.

명품백을
지니는 사람이 아닌
명품이 되는
인생을 살자

마법의 순간
- 심장의 한가운데, 무엇을 품고 있니?

키스할 때는 천천히.

웃을 때는 마치 정신이 나간 것처럼.

하루하루의 삶에는 온 마음을 다해.

용서할 때는 뒤돌아보지 말고 재빨리.

언어의 '연금술사'라 불리며, 전 세계적으로 인정을 받고 사랑을 받는 작가 파울로 코엘료의 『마법의 순간』. 역시 '파울로 코엘료'이다. 하이쿠처럼 짧지만 깊은 울림이 곳곳에 메아리처럼 터져 나온다.

연금술이란 고대 이집트에서 시작하여 아라비아와 중세 유럽에 전해진 구리, 납, 주석 따위의 비금속으로부터 금, 은 등의 귀금속을 제조해내는 기술을 말한다. 조금 나아가 '늙지 않는 약'까지 만들려고 했다는데, 하여간 그러한 기술을 지닌 사람을 '연금술사'라고 부른다.

평범함과 격렬함이 적당히 뒤엉킨 삶, 그 안에서 가치와 의미를 발견해주고 싶은 파울로 코엘료의 연금술, 『마법의 순간』에서 그는 말하고 있다. "깨어있는 삶을 살아라.", "자신의 삶을 살아라."

마치 삶의 한복판에 서 있는 사람처럼, 그의 목소리는 부드러우면서 단호하다.
"다른 사람을 당신 삶의 중심에 두지 마라. 당신이 그들을 기쁘게 하지 않았다는 이유로, 그들이 당신을 사랑하지 않는 게 아니다. 관계로부터 자유로워져라."

파울로 코엘료. 그의 이야기 속에는 알프레드 아들러도 보이고, 엘리자베스 퀴블러 로스도 보이고, 법정스님도 보이고, 구본형도 보인다. 삶의 스승들은 늘 한결같은 목소리로 말했다.

관계를 떠나 살아갈 수는 없다.
관계가 마치 삶의 한계를 정해 준 것처럼 당신을 옭아매겠지만, 관계에 얽매이지 마라.
'관계'에 집중하지 말고, 관계를 바라보는 '자기 자신'에게 더 집중해라.
'완벽한 관계'를 찾아다니지 말고, '완벽한 당신'이 되는 것에 더 집중해라.

그것이 관계를 해결하는 열쇠이다. 관계로부터 자유로워져라.

다른 사람들이 당신을 어떻게 바라보는지에 집중하지 마라.

다른 사람들에게 '사랑받는 방법'을 찾아다니지 말고, '당신을 사랑하는 방법'을 연구해라.

온전히 당신의 삶을 살아라. 당신에게 집중해라.

만약 주위의 사람들이 하나같이 당신을 사랑한다면

뭔가 단단히 잘못된 것입니다.

세상에 모든 이들을 두루 만족시킬 수 있는 사람이란 없으니까요.

타인을 기쁘게 해주는 것이 당신 삶의 목적이라면

모두 다 당신을 좋아하게 될 것입니다.

당신 자신만 빼고 말이지요.

세상 모든 사람을 만족시킬 수는 없다. 나아가 모든 사람에게 사랑을 받는다는 것은 더욱 어려운 일이다. 그러니 일단 이 마음에서 벗어나자. '모든 사람을 만족시킬 수 있다.'라는 마음, '모든 사람에게 사랑을 받을 수 있다.'라는 마음에서 벗어나자.

그리고 딱딱한 음식을 씹어 먹듯이 천천히, 천천히 되씹어보자.

모든 사람을 만족시키지 않아도 된다.

모든 사람에게서 사랑받지 않아도 된다.

진짜 그렇게 살아도 된다.

진짜 그래도 된다. 진짜.

질문 속에 답이 있다 ···

누군가 당신에게 성공의 이유를 묻는다면

딱 한 가지로 꼬집어 설명할 수는 없을 겁니다.

그러나 실패에는 만 가지 이유를 댈 수 있습니다.

성공에 대해서는 이유를 꼬집어 설명할 수는 없지만, 실패에 대해서는 열 가지 이유를 들어 설명할 수 있는 당신이다. 냉정한 표현이라고 느껴지겠지만, 사실이다. 우리, 아니 적어도 나는 그랬다. 실패할 수밖에 없었던 이유, 줄줄이 설명할 수 있었다.

부끄럽지만, 그렇게 스스로 합리화시키고 있었다. 물론 그러면서도 개운하지 않은 느낌, 분명 있었다. 무엇인가 하지 않은 것이 있는 것 같은 느낌, 설명되지는 않지만, 무엇인가 부족한 느낌은 분명 있었다. 스스로 '그럴 수밖에 없었다.'고 말하면서도 속앓이는 계속되었다. 세상에는 '그렇게밖에 할 수 없는 상황'에서도, '그렇게 하지 않은 사람'들이 더 많다는 것을 알기에.

한 가지 어려움에 대해 열 가지 이유를 설명하고 있을 때, 한 가지 어려움에 대해 '열 가지 방법'을 찾는 사람들이 있었다. 그들은 노력했다. '할 수 없는 이유'가 아닌 '할 수 있는 방법'을 찾기 위해. 바로 그 지점에서 차이가 생긴 것 같다. 성장하는 사람과 성장하지 않는 사람. 그리고 거기에서 나는 성장하지 않는 방법을 선택했던 것이다.

이유가 무엇일까. '성장하고 싶다.' 혹은 '성공하고 싶다.'라는 마음을 선택할 수도 있었지만 두려웠다. 성장하지 못할 것 같은, 실패할 것 같은, 더 나은 사람이 될 수 없을 것 같은 그런 느낌. 그 느낌을 뛰어넘지 못했다. 두려움이 문제였다. 그렇게 성공에 대해, 꿈에 대해 반신반의하는 동안, 실패에 대한 두려움은 점점 더 커져갔다.

'물론 성공할 수도 있지만, 실패할 확률이 더 높지 않을까?'
'가능하다고 말하지만 사실 어려운 게 현실이잖아.'
'그냥 가던 길을 그대로 가는 게 더 낫지, 굳이 어려운 선택을 할 필요 없잖아.'

실패에 대한 두려움이 우리를 실패로 이끕니다.

'실패에 대한 느낌이나 생각'은 안전함을 무기로 더욱 강력해지는 것 같다. 실패에 대한 느낌이나 생각이 늘어나면 늘어날수록 두려움은 더욱 견고해지는 것 같다. '실패하면 어떻게 하지?'에서 '실패할 것 같아!'라는 방향으로. '실패할 것 같아!'에서 '실패한다.'라는 방향으로 마음을 이끌어 가는 것 같다.

그래서 가끔은 무모할 필요가 있다. 너무 많은 생각이 오히려 방해요소가 된다. "무식하면 용감하다."라는 말처럼, 두려움이 밀려들 때, 조금만 더 무모해지자. 두려운 생각으로 실패할 것 같은 느낌이 온몸을 감싸려고 할 때 조금만 더 무식해지자. 생각을 멈추고, 두려움을 멈추고, 일단 움직여보자. 몸을 움직여 시도해보자. 일단.

사실 무식한 행동들이 훗날 용기 있는 선택으로 평가받는 경우가 제법 많다. 백 퍼센트, 완벽한 준비로 출발하는 사람은 그리 많지 않다. 방향성에서 어긋남이 없다면 가능성을 믿고 행동으로 옮겨보자. 두려움을 믿지 말고, 자기 자신을 믿어보자. 한 번만 무식해져보자. 한 번 무식해지는 것이 어렵지, 두 번째부터는 훨씬 쉽게 무식해진다. 진짜.

주위에 '성공하는 방법'에 대한 지침서들이 있다면 다 내다버리세요.
당신이 성공하기 위해 필요한 것은 오로지 당신만의 지침서를 써내려가는 것입니다.
어떻게 살아야 할지 머릿속으로만 고민하지 말고 오늘 하루를 충실히 사는 일에 직접 부딪쳐보세요.

"때가 있다."라는 말도 있지만, 그것이 어떤 특정 시기만을 고집하지는 않는다. 물론 그런 건 있다. 생각해야 할 때, 행동해야 할 때. 그것을 구분할 필요는 있다. 하지만 생각만 하고, 행동으로 옮기지 않는다면, 생각은 생명을 잃어버린다. 그리고 생각은 없고 행동만 존재한다면, 역시 생명을 잃어버린다.

당신의 삶을 살아 숨 쉬게 하는 것은 '행동'에 의해서다. '생각'이 당신을 살게 한다면, '행동'은 당신을 가슴 뛰게 한다. 행동해라. 부딪쳐라. 어쩌면 "삶에 충실해라."라는 말은 "생각에 충실해라."라는 의미보다는 몸을 움직이는 "행동에 충실해라."라는 말에 더 가까운지도 모른다.

　지금 이 순간에도 두드리고, 시도해보고, 느껴볼 수 있는 많은 것들이 우리 곁을 지나고 있다. 실패에 대한 두려움이 당신을 멈칫거리게 하는 바로 지금 이 순간에도. 더 많이 부딪쳐보자. 더 많이 두드려보자. 마법의 순간, 바로 이 순간을 놓치지 말자.

당신이 기다려온 마법의 순간은 바로 오늘입니다.
황금처럼 움켜잡을지 아니면 그냥 흘러가게 내버려둘지는
당신 마음먹기에 달렸습니다.
인생은 짧습니다.
그러니 가슴 안에만 담고 있는 말이 있다면
이번이 마지막 기회라 생각하고
오늘 한번 해보세요.

잊지말지-
지금 이 순간에도
마법의 시간이
당신곁을
스쳐가고 있다-

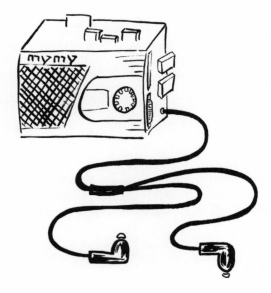

인생의 중요한 순간에
질문해야 하는 것들

- 행동하지 않는 질문, 결국 '질문'이다.

예전에 학교 다닐 때 그랬던 것 같다. 예를 들어 "국어가 90점, 수학이 70점이 나오면 못하는 수학 70점을 국어 점수처럼 올리는 데에 노력을 해야 된다."라고 배운 것 같다. 그런데 언제부터인가 의문이 생겨나기 시작했다. 못하는 수학이 아닌 잘 나오는 국어에 집중했더라면 어떤 일이 벌어졌을까?

약간 억지 주장일 수도 있지만, 지금에 와서는 그런 생각도 든다. '잘하는 것을 더 잘하는 방법'이 아니라 '모든 것을 다 잘하는 방법'을 배운다고 더 바빴던 게 아니었을까. 모두 다.

학교 문을 나와 사회생활을 시작하면서 고민은 더 늘어났다.

'무엇을 잘했었지?'

'무엇을 좋아했었지?'

'지금부터 어떻게 살아야 하지?'

"잘하는 것을 하면 된다."라고 말하지만 잘하는 것이 무엇인지, 잘했던 것이 무엇이었는지 생각나지 않았다. 조금 더 솔직히 이야기하면, "잘하는 것, 좋아하는 것으로 살아야 한다."라는 배움이 기억나지 않았다. 학교가 아닌 세상과의 만남은 당황스러움, 그 자체였다.

하워드 가드너 박사의 '다중지능이론'이라는 것이 있다. 언어지능, 음악지능, 논리수학지능, 공간지능, 신체운동지능, 인간친화지능, 자기이해지능, 자연친화지능. 그는 말한다.

누구에게나 강점이 되는 영역이 따로 있다. 다시 말하면 '나와 똑같은 사람이 없다.'는 것을 전제로, 인생을 성공적으로 살아가고 싶다면 "자신의 강점이 향하는 방향으로 열정과 노력을 쏟아부으면 된다."라는 해석이다.

그런데 궁금해진다. 자신이 지니고 있는 것 중에서 잘할 수 있다고 생각하는 영역, 강점. 도대체 이건 어떻게 찾을 수 있을까? 어디에서 찾아야 할까? 굳이 '성공'을 위해서가 아니더라도 중요한 순간마다 무엇인가를 결정하고 행동으로 옮기려고 할 때, 어떤 기준으로 결정하면 좋을까? 궁금하지 않을 수 없다.

이 질문에 대해 존 맥스웰은 이야기한다.

당신, 자신에게서 답을 찾아야 한다. 당신, 자신에게 질문해라. 결국 당신이 무엇을 좋아하는지 잘하는지 오로지 당신만 알고 있다. 당신에게 묻고 당신이 스스로 대답해야만 한다. 그렇게 해야만 제대로 발견할 수 있다.

그런 측면에서 이 책은 '자신에게로의 질문'이라고 생각하면 좋을 것 같다. 존 맥스웰은 자신의 인생을 통틀어 한 단어로 축약하면 '질문'이라고 말한다. 셀프리더십의 관점에서, 리더가 되기 위해서, 자신을 이끌어가는 삶을 위해서 끊임없이 스스로에게 되물었던 질문들. 그들의 공통분모적인 요소들을 한데 모아 분류하고 정리해놓았다. 그러면서 설명한다. 왜 질문해야 하는지를. 왜 질문이 필요한지를.

1. 질문을 해야만 답을 얻을 수 있다.
2. 질문은 꽉 막힌 문을 여는 알리바바의 주문이다.
3. 질문을 통해 자신과 나아가 타인과의 연결고리가 만들어진다.
4. 질문은 사람을 겸손하게 만든다.
5. 사람들을 대화에 참여시키는 데 도움이 되는 질문
6. 질문은 좋은 아이디어를 탄생시킨다.
7. 새로운 관점을 제공한다.
8. 질문은 사고방식에 정면으로 도전하고 타성에 벗어나도록 만든다.

이제 우리도 각자에게 질문을 던져보자. 대답이 바로 나오지 않아도 되고, 머릿속에서 생각만 맴돌아도 괜찮다. '질문을 해야만 답을 얻을 수 있다.'는 그의 말처럼, 일단 질문이 시작이다.

성장계획이 있니?

앞으로 무엇이 되고 싶니?

어제와 오늘의 차이를 만들었니?

혼자 있는 시간에 무엇을 하고 싶니?

결과와 상관이 없다면 무슨 일을 하면서 살고 싶니?

요즘 배우는 것이 있니?

가장 중요하게 생각하는 태도는 무엇이라고 생각하니?

지금까지 배웠던 가장 큰 교훈은 무엇인가요?

요즘에는 무슨 공부를 하세요?

실패가 당신 인생에 어떤 영향을 미쳤나요?

당신이 아는 사람 중 내가 꼭 알아야 하는 사람이 있을까요?

당신이 읽은 책 중에 내가 꼭 읽어야 하는 책이 있나요?

당신이 해 본 일 중 내가 꼭 해봐야 하는 일이 있을까요?

어떻게 하면 당신에게 가치를 더할 수 있을까요?

리더십의 대가인 존 맥스웰. 그는 말한다. 스스로에게 질문하는 순간부터 삶은 변화한다. 당신에 대한 질문이 당신의 삶을 이끈다. 자, 이제 당신 차례이다. 당신이 대답할 차례이다.

성장계획이 있는지.

무엇이 되고 싶은지.

오늘이 어제와 다른 점이 있는지.

혼자 있을 때 주로 무엇을 하는지.

결과와 상관없다면 무슨 일을 하고 싶은지.

가장 중요하게 생각하는 태도는 무엇인지.

지금까지의 삶에서 배운 가장 큰 교훈이 무엇이었는지.

요즘 무슨 공부를 하고 있는지.

과거에 실패로 기억했던 것이 지금은 무엇으로 기억되고 있는지.

누군가에게 소개해주고 싶은 사람이 주위에 있는지.

누군가에게 소개해주고 싶은 단 하나의 책이 있는지.

어떻게 하면 더 나은 사람이 될 수 있는지.

어쩌면 '생각하는 사람' 이전에 '질문하는 사람'이 있었는지 모르겠다. 질문을 계속 이어가다 보면 저절로 '생각하는 사람'이 될 수밖에 없다. 그리고 계속해서 생각을 좇아가다 보면 결국 만나게 된다. 놓치고 있었던 것, 놓아버렸던 것, 잃어버렸던 것 그리고 간절히 원했던 것.

물론 질문만으로 변화될 거라고 생각하지는 않는다. 질문이 생각까지 이어졌다고 하더라도 '생각'만으로 산이 옮겨지는 일은 없다. 그렇다면 산을 옮길 수 있는 방법은 무엇일까? 결국은 '행동'이다. 질문의 종착역, 바로 '행동'이다.

질문하고, 또 질문하는 과정은 '생각'을 요구하고, 나아가 자연스럽게 '변화'로 인도한다. 생각의 변화, 혹은 행동의 변화, 나아가 삶의 변화까지. 단지 질문을 던졌을 뿐인데, 마치 살아있는 것처럼, 삶전체를 이끌기 시작한다.

그래서 이런 말도 있다. "생각이 행동을 만들고, 행동이 습관을 만들고, 습관이 운명을 만든다." 오늘부터 스스로 '질문하는 사람'이 되자. 질문을 던지고, 던진 질문을 생각하고, 또 생각해보자. 자연스럽게 생각이 나아가는 방향대로 한번 따라가 보자.

무엇을 원하는지.
왜 그런 생각을 했는지.
그리고 어떻게 하고 싶다는 것인지 한번 지켜보자.

질문이 선택이었듯, 생각에게도 행동에게도 자유로움을 달아주자. 무엇이 되어도 좋다. 어느 것이 되어도 좋다. 물론 질문이 질문에서 끝나지 않게 하려면, 그 종착역이 '행동'이라는 것을 잊어서는 안 될 것이다. '행동하지 않는 질문'은 결국 '또 다른 질문'에 불과하니까.

'행동하지 않은 질문'만으로 변화되거나 달라진 것은 없었다. 질문이 생각을 통해 행동으로 변화하는 과정. 어제와 오늘의 작은 차이가 생겨나는 과정이 반드시 필요하다. 가슴 뛰는 소리를 들어보고 싶지 않은가? 설레는 밤으로 새벽을 기다려보고 싶지 않은가? 늦지 않았다. 지금부터 시작하면 된다.

 기억하고 있는지 모르겠지만, 이 모든 일의 시작은 바로 '질문'이
었다.
 시작해보자. 던져보자. 과감하게 질문해보자. 과감하게 질문하
고, 과감하게 생각하고, 과감하게 행동해보자. 우리 조금만 더 과감
해지자.

 존 얼 쇼프는 자신의 멘티이자 세계적인 성공 철학가인 짐 론에게 이런 말을 들려
주었다.
 "론, 부자가 되고 행복해지고 싶으면 다음의 교훈을 잘 배우게.
 그것은 '일보다는 자기 자신을 더 열심히 연구하라.'는 것일세."

 론은 그 교훈을 마음에 새겼고 이렇게 말했다.
 "아무리 훌륭한 책도 읽지 않으면 당신에게 도움이 될 수 없다. 아무리 유익한 세
미나라도 참석하지 않으면 삶을 변화시킬 수 없다. 당신이 더 나은 사람이 될 때 일
도 더 좋아지는 법이다.
 삶이 더 수월해지기를 바라지 마라. 오히려 당신이 더 나은 사람이 되기를 소망
하라."
 1974년부터 나는 나 자신에게 의도적으로 투자하고 있다. 그즈음부터 사람들에
게도 자신에게 투자할 것을 독려하고 있다.

절묘하다

★ 꿈이 당신에게
물고 있다

지금 어디로 가고 있는지 …
지금 어디에서 있는지 …

하버드 새벽 4시 반

- 질문하고 대답할 수 있어야 성장한다.

하버드, 세계의 천재들이 모여 있는 곳이다. 어느 날, 갑자기 번쩍이는 아이디어를 가지고 놀라운 성과를 만들어낼 것 같은, 뇌 구조에서부터 특별한 유전자를 지니고 있을 것 같은, 아주 특별할 것 같은 그들. 그들은 말한다.

당신도 뚜렷한 '목표'와 그를 달성하기 위한 적당한 '방법'을 터득한다면 '노력'을 통해 성공에 이를 수 있다.

처음부터 천재적인 두뇌를 가졌을 수도 있고 천재로 길러졌을 수도 있는 그들은 선언문을 낭독하듯 담담하게 말한다.

우리가 실패하는 유일한 이유는 '노력 부족'이다.

질문 속에 답이 있다 · · ·   61

누구도 자신의 한계에 가보지 못했다.

보이지 않는 작은 일의 무게.

자신감의 빈자리는 두려움이 채운다.

실패하라. 다만 두려워하지 마라.

최선을 다하는 것만으로는 부족하다.

오늘 걷지 않으면 내일은 뛰어야 한다.

이 문장을 그대로 가지고 와서 '삶의 선언문'으로 바꾸어본다.

당신이 실패하는 유일한 이유는 '노력 부족'이다.

당신은 당신의 한계에 가보지 못했다.

당신은 보이지 않은 작은 일의 무게를 느껴야 한다.

당신 자신감의 빈자리는 두려움이 채운다.

당신은 실패할 수 있다. 하지만 두려워하지 않아야 한다.

최선을 다하는 것만으로는 부족하다.

오늘 걷지 않으면 내일은 뛰어야 한다.

하버드, 그들은 단순히 위대하고 거대한 것만 추구하지 않는다. 오히려 '보이지 않는 작은 일의 무게'를 더 많이 강조한다. 그래서 하버드 교수들은 제자들에게 이렇게 당부한다.

눈은 먼 곳을 보면서 손은 작은 곳에 두어라.

『아큐정전』의 작가이자 하늘이 낸 천재 문호 루쉰 역시 비슷한 말을 한다.

자신이 문학적 성과를 이룰 수 있던 까닭은
그저 남들이 차나 커피를 마시는 시간에 글을 썼기 때문이다.

남들이 차나 커피를 마시는 시간에 글을 썼기 때문이라고 말하는 루쉰. 그의 말 속에서 혼자 있는 시간의 힘, 끝까지 하는 힘이 떠오른다. 그러면서 궁금해진다. 남들이 차나 커피를 마시는 시간, 루쉰이 글을 쓰는 시간. 과연 무엇을 했었는지.

몰두해서 집중하는 것이 있기는 했는지. 하버드 교수들이 눈을 먼 곳에 두고, 손을 작은 곳에 두라고 말할 때, 눈은 어디를 향하고 있었고, 손은 무엇을 하고 있었는지. 과연 무엇을 했었는지.

"할 수 있어!", "너는 대단해!"라는 말에 목말랐던 적이 있었다. 거대한 골리앗과 혼자 싸우는 것 같은 두려움으로 누군가에게 "이렇게 하면 된다."는 말을 듣고 싶어 돌아다닌 적도 많았다. 차나 커피를 마시며 안도감에 몸을 맡긴 적도 많았다.

하지만 그런 시간이 길어질수록 인정하기 싫지만 두려움도 늘어났다. 거대한 골리앗의 문이 더욱 단단해지면서 굳건해지는 느낌, 무엇인가 잘못되고 있다는 느낌을 떨치지 못한 채, 고민도 깊어져갔다. 밀려드는 물살에 몸을 맡긴 채, 떠돌아다니는 것이 익숙해질 그때였다.

책. 그즈음에 만났다. 처음에는 무엇인지도 몰랐다. 무슨 맛인지도 모르고 먹었다는 것이 가장 정확할 것 같다. 그러다가 어느 순간부터는 정신없이 먹어댔다. 한참 먹다가 고개를 돌려 다른 것이 보이면 걸음을 옮겼다. 마치 연인을 찾는 사람처럼, 약간은 정신없는 설명할 수 없는 시간들이 이어졌다.

그렇게 책과 보내는 시간이 늘어나면서 대화시간도 늘어났다. 비록 누군가와 함께 있는 시간이 아닌 '혼자 있는 시간'이었지만, 행복했다. 표현할 수 없는 감정들이 자리에서 일어나 흔들어 깨우는 느낌이 좋았다. 그때 깨달았다. 삶의 한복판에 홀로 서 있어도 외롭거나 슬프지 않을 수 있다는 사실을.

그래서 이제는 말할 수 있다. "그 시간들이 나를 더 단단하고 견고하게 만들었다."라고. 그러나 그때까지는 알지 못했다. 그저 좋았다. 그 따뜻함이 좋았다. 책 속에 머리를 담고 있으면서 세상의 소리가 들려오지 않는, 내 안이 단단히 채워지는 느낌이 좋았다. 뼛속까지 채워지는 느낌, 삶이 단단해져오는 느낌, 마냥 행복했다.

하버드 새벽 4시 반, 책 표지에 이런 말이 있다. "당신의 새벽은 하버드보다 밝은가?" 새벽이라는 상징적인 의미를 떠나 그들이 우리에게 묻는 것은 한 가지이다. '지금 무엇을 하고 있는가?' 질문을 조금 바꾼다면 '지금 몰두해서 하는 것이 무엇인가?'

하버드를 꿈꾸어도 된다. 삶의 성공을 꿈꾸어도 된다. 새벽형 인간을 꿈꾸어도 좋다. 하지만 그 이전에 이것부터 먼저 발견해내자. 당신이 무엇을 원하는지. 하버드를 꿈꾸고 삶의 성공을 꿈꾸기 이전에, 진짜 당신이 무엇을 원하는지, 그것부터 점검해보자. 여행을 나서면서 지도는 없어도 대충 길이라도 알고 떠나야 하지 않을까.

당신이 원하는 것이 무엇인지 궁금해져야 한다. 궁금한 것을 모르겠다면 적어도 어떤 사람인지라도 알아야 한다. 어떤 사람이며, 어떤 것을 할 때 행복해하는지, 어떤 것을 두려워하는지, 어떤 모습을 좋는지는 알아야 한다.

만약 그것조차 어렵다면 지금 당신의 모습을 살펴보면 된다. 지금 당신이 하고 있는 일, 그것을 당신이 어떤 마음으로 하고 있는지. 어떤 태도로 바라보는지 확인해보면 된다. 그러면서 스스로 대답할 수 있어야 한다. '이것을 원했기 때문에, 이렇게 살아가고 있다.'라고.

'지금의 것'을 원했다면, '지금처럼만' 하면 된다. 굳이 달라질 이유를 찾을 필요도 없다. 하지만 만약에라도 '지금처럼'이 아니라면, 달라져야 한다. 바로 지금 이 순간부터 달라져야 한다. 생각이 달라지든, 행동이 달라지든, 변화가 일어나야 한다. 바뀐 것이 하나라도 있어야 기대할 것도 생기는 것이다.

　꿈꾸고 있는 것이 있다면, 원하는 것이 있다면, 적어도 그것을 위해 '노력'이라는 것을 해야 한다. 한계일까, 아닐까라는 두려움에도 시작해야 한다. 물론 오늘, 지금 하지 않아도 된다. 오늘이 아닌, 내일, 다음에 시작해도 된다. 하지만 아마 그때는 뛰어야 할 것이다.

나약한 사람의 눈에는 잘 가꾸어진 농장과 집만 보이지만,
강인한 사람에게는 허허벌판 속에서도 미래의 집과 농장이 보인다.
그의 눈은 마치 태양이 구름을 몰아내듯 빠른 속도로 집을 지어낸다.

– 랄프 W. 에머슨

혼자 있는 시간
스토리텔링이 아닌
당신의 스토리가
만들어지는 시간

논어

– '단 한 권의 책'을 가지고 있는가?

무언가를 안다는 것은 그것을 좋아하는 것만 못하고,
좋아하는 것은 즐기는 것만 못하다.
– 공자, 「옹야」편

내게는 '인생의 책'이 몇 권 있다. 공자의 『논어』, 엘리자베스 퀴블러 로스의 『인생수업』, 법정스님의 『무소유』와 『아름다운 마무리』, 구본형의 『그대 스스로를 고용하라』, 나폴레온 힐의 『성공학 노트』까지.

논어論語. 논어를 '공자가 지은 책'이라고 말하기도 하는데 '공자의 언행을 제자들이 엮은 책'이라는 표현이 가장 정확할 것이다.

배우고 때때로 그것을 익히면 또한 기쁘지 않은가?

벗이 먼 곳에서 찾아오면 또한 즐겁지 않은가?

남이 알아주지 않아도 성내지 않는다면 또한 군자답지 않은가?

– 공자, 「학이」편

논어는 "배우고 때때로 그것을 익히면 즐겁지 아니한가?"로 시작한다. 배우고 그것을 때때로 익힌다. 중학교 한문 시간에 '학이시습지'라며 열심히 외워 어렵지 않게 뱉어내지만, 이 짧은 문장을 이해하는 데 사십 년이 걸렸다.

이제 겨우 조금 알 것 같은 느낌이다. 배우고 때때로 익히면 즐겁지 아니한가. 공자가 살아생전 가장 많이 강조했을, 그래서 모든 제자들이 동시에 떠올렸을 그 가르침이 아니었을까 싶다.

배우고 때때로 익히면 즐겁다. 사실 요즘은 배움이 넘쳐난다. 배움이 힘든 경우도 있지만, 예전에 비하면 분명 배움의 기회는 늘어났다. 원하기만 한다면, 방법을 찾고자 한다면 배움의 가능성은 높아졌다.

하지만 공자는 '배움'이 끝이 아니라고 말한다. '배움'이 때때로라도 '익힘'으로 갈 수 있어야 한다. 머리에 있는 '배움'이 가슴, 팔과 다리로 내려오는 것, 그것이 진짜 배움이다. '제대로 된 배움'이라면 '배움'으로 인해 '행동'이 생겨나는 것. 공자는 그것을 강조했다.

논어는 완성된 인간, 군자를 향한 가르침이 많은데 완성된 인간, 군자의 시작은 '배움'과 그것을 '익히는 것'에 달려있다고 말한다. 배움의 익힘을 강조한 공자. 어쩌면 공자는 '배움의 부족함'보다 '익힘의 부족함'을 강조했을지도 모르겠다.

하나를 배웠다면 그 하나를 익히기 위해 노력하여라.
배움을 즐기는 사람이 되어라.
익힘을 즐기는 사람이 되어라.

거기에 공자는 관계에 대해 덧붙인다.

벗이 먼 곳에서 찾아오면 또한 즐겁지 않겠는가.
그러니 벗이 먼 곳에서 찾아올 수 있는 사람이 되어라.
함께 기뻐할 수 있는 관계를 만들어라. 그러면 즐거울 것이다.
바람직한 관계를 유지해라.
혼자 있어도 행복하고 함께 있어도 행복한 그런 사람이 되어라.

이렇게 생각해봐도 좋을 것 같다.

좋은 사람을 만나고 싶다면, 먼저 '좋은 사람'이 되어라.
좋은 관계를 만들고 싶다면, 먼저 '좋은 관계'를 만들어라.
'관계'를 욕심내기 이전에, '관계 맺고 싶은 사람'이 되어라.

2,500여 년 전의 옛날이야기지만, 그리 틀린 것 같지 않다. 남이 알아주든 그렇지 않든 성내지 말고 자신의 길을 가라고 말하는 공자에게서 "무소의 뿔처럼 혼자서 가라."라는 글이 떠오른다. 누군가 알아주면 좋겠지만, 알아주지 않는다고 멈출 필요는 없다.

당신의 삶도, 당신의 노력도 누군가의 평가에 의지하며 살아갈 필요는 없다. 오롯이 당신 스스로에 대한 믿음, 스스로에 대한 평가로 차이를 만들어 가야 한다. 그러면서 성장해나가야 한다. 그것은 우리 모두에게 주어진 공통과제이다.

인이라는 것은 자신이 서고자 할 때 남부터 서게 하고 자신이 뜻을 이루고 싶을 때 남부터 뜻을 이루게 해주는 것이다. 자신이 원하는 것을 미루어서 남이 원하는 것을 이해하는 것이 바로 인의 실천방법이다.
　- 공자,「옹야」편

논어는 읽는 사람마다 다가가는 느낌이 다를 것이다. 누군가는 인仁을, 또 누군가는 충忠을, 서徐를 마음에 담을 것이다. 무엇이 되어도 좋을 것 같다. 논어를 통해 가슴에 하나만 새겨 넣어도 좋을 것 같다. 어두운 밤하늘의 방향을 잡아주는 북극성처럼 기준이 될 만한 하나만 찾아내었으면 좋겠다.

공자. 그는 60이 넘은 아버지 숙량흘과 나이 어린 어머니에게서 태어나 3세에 아버지를 여의고, 17세에 홀어머니마저 잃고 혼자 세상을 살아간다. 천성이 착하고 성실한 공자는 작은 일부터 하나씩 이루어 나갔는데, 지금으로 치면 재상 직무대리까지 올라갔다고 하니, 그의 말이 결코 탁상행정의 결과물은 아닐 것이다.

55세가 되어 자신의 뜻을 펼치기 위해 노나라를 떠났지만, 13년 동안의 유랑생활 끝으로 공자는 돌아온다. 자신의 나라로. 그의 나이 68세. 자신의 원하는 이상국가의 뜻을 펼치지 못한 채 노나라로 돌아온 공자. 그는 73세에 세상을 떠날 때까지 '교육'에 희망을 걸고, 자신의 뜻을 펼쳐간다. 개개인의 인격이 함양되면 자연히 도덕적인 사회가 될 것이라고 믿고 자신의 철학을 전파한다. 그것이 오늘날, 우리가 논어를 만날 수 있게 된 배경이다.

배우기만 하고 생각하지 않으면 막연하여 얻는 것이 없고,
생각만 하고 배우지 않으면 위태롭다.
– 공자, 「위정」편

남이 나를 알아주지 않음을 걱정하지 말고 자신의 능력이 없음을 걱정하라.
– 공자, 「헌문」편

'인간다운 삶'에 대해 누구보다 치열하게 고민했던 공자. 그는 자신뿐만이 아니라 주변에 있는 사람과 공존할 수 있는 방법을 연구했으며, 나이 어린 제자에게서의 배움을 주저하지 않았다. 진정 그는 배움에 노력을 아끼지 않았다.

유교사상이 우리나라의 개화를 늦추었으며 가부장적 제도의 틀을 완성시켰다는 부정적인 시선에도 불구하고, 선구자들의 책상 위에는 늘 올려져 있었다. 논어. 보편적 가치가 될 만한 의미를 담고 있음이다.

지금 이 순간, 보이지 않는 터널을 홀로 걷는다는 느낌이 당신을 감싸고 있다면, 막막함으로 어디로 가야 할지 두렵다면, 햇살 좋은 창가에 앉아 차 한잔을 마시며 천천히 넘겨보았으면 좋겠다. 마음이 가는 곳, 손길이 가는 곳에 머물렀다가 언제 그랬냐는 듯 떠나도 괜찮다. 아주 잠깐이라도, 들러보았으면 좋겠다. 아주 잠깐이라도.

자공이 여쭈었다. "한 마디 말로 평생토록 실천할 만한 것이 있습니까?"
공자께서 말씀하셨다.
"그것은 서다. 자기가 원하지 않는 것을 남에게 하지 않는 것이다."
- 공자, 「위령공」편

번지가 인에 대하여 여쭙자, 공자께서 말씀하셨다. "사람을 사랑하는 것이다."
앎에 대해 여쭙자 공자께서 말씀하셨다. "사람을 알아보는 것이다."
- 공자, 「안연」편

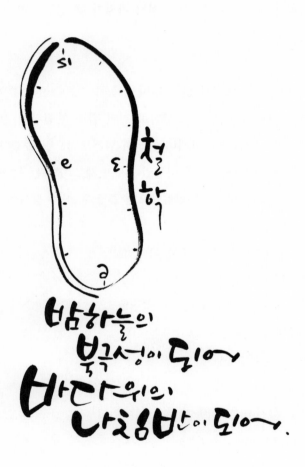

밤하늘의
북극성이 되어~
바다 위의
나침반이 되어~.

소크라테스의 변명

- 소크라테스는 죽음으로 가르쳤다. 너 자신을 알라.

『소크라테스의 변명』. 이 책 역시, 논어와 마찬가지로 소크라테스의 말이 아니다. 그의 제자였던 플라톤. 독배를 마시며 이 땅을 떠나간, 죽음 앞에서 '진리의 길'을 선택한 스승 소크라테스를 제자 플라톤이 되살려놓았다. '소크라테스의 변명'이란 이름으로 그에게 영원한 생명을 불어넣었다.

'앎'을 '진정한 실천'으로 몸소 보여주고 떠난 소크라테스. 소크라테스는 대단한 스승이었으며, 플라톤은 대단한 제자였다. '청출어람'이란 바로 이런 모습을 두고 했을 것이다.

『소크라테스의 변명』은 법정에서 소크라테스가 아테네 동포들에게 자신의 철학과 소신을 밝히는 '소크라테스의 변명'을 시작으로, 친구가 소크라테스에게 탈옥을 권유하는 크리톤, 그리고 소크라테스의 마지막 날에 그와 함께했던 사람들과의 대화를 다룬 파이돈, 마지막으로 소크라테스와 그의 친구들이 에로스에 관해 이야기하는 향연으로 구성되어 있다.

당신의 말은 틀렸습니다.

조금이라도 훌륭한 사람은 죽느냐 사느냐 하는 위험을 헤아려서는 안 됩니다.

그는 어떤 일을 하면서 오직 올바른 행위를 하느냐 나쁜 행위를 하느냐, 즉 선량한 사람이 할 일을 하느냐, 악한 사람이 할 일을 하느냐 하는 것만 고려해야 합니다. 나는 지금 여러분 모두에게 말하는 것이 아니라 내게 사형을 선고한 사람들에게만 말하고 있습니다.

나는 그들에게 또 한 가지 말해둘 것이 있습니다. 여러분은 내가 말이 모자라 무죄 방면을 실현하지 못했기 때문에 사형을 받았다고 생각합니다. 즉, 무슨 짓이든 또는 무슨 말이든 다 해도 좋다고 생각했더라면, 나는 무죄판결을 받았을 것이라고 생각합니다. 그렇지 않습니다.

나는 부족한 점이 있어서 유죄판결을 받았지만, 그것은 말의 부족은 아닙니다. 분명히 그렇지 않습니다. 오히려 후안무치厚顏無恥하지 못하고 여러분이 듣고 싶어 하는 말을 하지 못했기 때문입니다. 즉 눈물을 흘리고 울부짖고 한탄하는 등 여러분이 다른 사람들에게서 늘 듣고 있는 많은 일을 말하지도 행하지도 않았기 때문입니다.

그러나 내가 주장한 것처럼 이러한 일은 내게 어울리지 않습니다.

나는 그때 위험에 직면하더라도 흔히 볼 수 있는 또는 비열한 행동을 해서는 안 된다고 생각했습니다. 또한 나는 지금 내 변명의 방식을 후회하지도 않습니다. 나는 여러분의 방식에 따라 말함으로써 생명을 보존하는 것보다는 오히려 내 방식대로 말하고 죽는 것이 훨씬 훌륭하다고 생각합니다. 죽음의 회피가 어려운 것이 아니라, 불의를 피하는 것이 어렵습니다.

소크라테스의 얘기를 듣다 보면 죽음을 피하지 않았던 충신들이 생각난다. 소크라테스와 그들 모두에게는 공통점이 있다. 어느 영화의 제목처럼 "죽음이 삶을 갈라놓을지라도 나는 나의 길을 가겠다." 라고나 할까.

소크라테스. 그는 선택했다. 원하는 것을 들려주는 방식이 아니라, 지금까지 자신이 살아온 방식대로 살다가 떠나는 길을 선택했다. 진정 '강한 사람'이었으며 동시에 '철학자'였던 소크라테스. 그는 살고 싶은 '한 인간의 마음'을 넘은 '진리를 추구하는 철학자'였다.

그러고 나서 잔을 입술에 대고 그는 아주 태연하고 유쾌하게 독약을 마셨습니다. 그런데 이때까지 우리는 대부분 슬픔을 억누를 수 있었습니다. 그러나 이제 그가 독약을 마시기 시작하는 것을 보고 우리는 더는 참을 수 없었습니다. 나도 모르게 눈물이 줄줄 흘러내렸습니다. 그래서 나는 얼굴을 가리고 울음을 터뜨렸습니다.

소크라테스를 위해서라기보다는 오히려 이러한 벗과 헤어지는 나 자신의 불운을 생각하고 울었던 것입니다. 에케크라테스, 이것이 우리 벗의 최후였습니다. 이 벗에 대해서 나는 진심으로 당대에 내가 알고 있는 모든 사람 가운데서 가장 현명하고 가장 올바르고 가장 훌륭한 사람이었다고 말할 수 있습니다.

소크라테스의 변명. 독서모임 '소나무'에서 이 책을 함께 읽었던 날이 생각난다. 슬로리딩을 하며 모두 함께 그곳으로 날아갔다. 소크라테스가 독배를 마신 그날, 그 시간으로 날아가 그날의 공기, 냄새, 마음을 느껴보았다. 눈물을 감추며 소크라테스의 죽음을 함께 지켜보았다.

죽음 앞에서도 당당했던 철학자, 소크라테스. 그는 말한다.

이제 떠나야 할 시간이 되었습니다.
각기 자기의 길을 갑시다. 나는 죽기 위해서, 여러분은 살기 위해서.
어느 쪽이 더 좋은지는 오직 신만이 알 뿐입니다.

지금, 소크라테스가 당신에게 묻고 있다.

"당신의 길은 무엇입니까?"
"지금 어디에 서 있습니까?"
"지금 어떻게 살고 있습니까?"
"당신, 잘 살고 있습니까?"

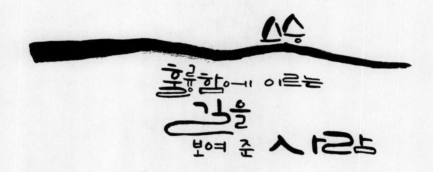

스승

훌륭함에 이르는 길을 보여 준 사람

키워드 2

나를 대신해
살아줄
사람은 없다

생각하는 대로 살지 않으면
사는 대로 생각한다

- 다른 사람을 기쁘게 하기 위해 살지 마라.

아름다운 입술을 가지고 싶으면 친절한 말을 하라. 사랑스러운 눈을 갖고 싶으면 사람들에게서 좋은 점을 봐라. 날씬한 몸매를 갖고 싶으면 너의 음식을 배고픈 사람과 나누어라. 아름다운 머리카락을 갖고 싶으면 하루에 한 번 어린이가 손가락으로 너의 머리를 쓰다듬게 하라. 아름다운 자세를 갖고 싶으면 결코 너 혼자 걷고 있지 않음을 명심하라.

사람들은 상처로부터 복구되어야 하며 낡은 것으로부터 새로워져야 하고 병으로부터 회복돼야 하고 무지함으로부터 교화되어야 하며 고통으로부터 구원받고 또 구원받아야 한다. 결코 누구도 버려서는 안 된다. 기억하라. 만약, 도움의 손이 필요하다면 너의 팔 끝에 있는 손을 이용하면 된다. 네가 더 나이가 들면 손이 두 개라는 걸 발견하게 된다.

한 손은 너 자신을 돕는 손이고, 다른 한 손은 다른 사람을 돕는 손이다.

– 오드리 헵번

『생각하는 대로 살지 않으면 사는 대로 생각한다』

책장을 넘기면 처음 만나게 되는 사람, 바로 오드리 헵번이다. 그녀의 유언과도 같은 글이 잔잔한 파도를 일으키며 번져간다. 한 손은 너 자신을 돕는 손이고, 다른 한 손은 다른 사람을 돕는 손이다. 성숙되고 짙게 숙성된 시간을 보낸 사람만이 전할 수 있는 표현이다. 경험하지 않고 생각이나 느낌만으로 저렇게 표현할 수는 없을 것이다.

《채근담》에 이런 말이 있다. "남을 이롭게 하는 것이 결국 나를 이롭게 한다." 팔 끝에 달려있는 손이 어디를 향해야 하는지 정확하게 알고 있었던 그녀는 진짜 별이다. 달빛마저 내려앉은 밤길, 이정표조차 보이지 않는 밤길, 친구가 되어줄 그런 '별'이다. 그리고 지금 우리에게 묻고 있다. "지금, 당신의 팔 끝에 달려 있는 두 손으로 무엇을 하고 있나요?"

어떤 대답이 좋을까. 어떤 알 수 없는 이끌림으로 자판을 두드리고 있는 나를 바라본다. 만나보지 못한 세상과 사람들, 단 한 명에게라도 '마중물'이 되었으면 좋겠다는 마음으로 컴퓨터와 씨름하고 있는 나. 지금 시간은 새벽 5시.

두 손이 지금 하고 있는 것이 진정 나를 돕고 다른 사람을 돕는 일인지 헷갈리는 날도 많지만, 그럼에도 두드린다. 유일하게 이것만 할 수 있는 사람처럼 두드리고 있다. 지금이 아니면 안 되는 사람처럼 두드린다. 이 두드림이 의미를 지닐 수 있을 거라는 믿음으로.

우리를 기쁘게 만들려 하지 마라. 명심하거라.
네가 생각할 것은 오직 너 자신에게만 질문하고 대답하는 일이란다.

– 존 우드

어떤 책에서 읽은 짧은 글이 생각난다. 나이 마흔을 넘은 그는 아버지 앞에 무릎을 꿇고 있다. 그리고 아버지 옆에는 그를 불만스럽게 바라보는 누나가 앉아 있다. 일흔을 넘은 아버지는 회사를 그만두고 다른 일을 하겠다는 아들에게 말하고 있었다.

"살아 보니 네 나이 때의 몇 년은 그리 긴 것이 아니더라. 그러니 네가 하고 싶은 일을 하면서 살아도 된다."

아버지의 말에서 위로를 받기도 전에, 지금까지의 과거를 모두 알고 있다고 바라보는 누나의 눈빛에 그의 고개는 저절로 떨어졌다. 그는 아무 말이 없었다. 아니, 할 수 없었다. 그저 이렇게 속삭이고 있었다.

"아버지, 감사합니다. 그리고 죄송합니다."

갑자기 왜 이 얘기가 떠올랐는지 모르겠다. 아마 이 문장 때문이었던 것 같다.

"우리를 기쁘게 만들려 하지 마라. 우리를 기쁘게 하기 위해 살지 마라. 조금 더 나아가, 우리를 위해 살지 마라."

물론 아버지에게 아들은 미덥지 못할 수도 있고 부족해 보일 수도 있다. 아버지 역시 누나처럼 지금까지의 과거를 모두 알고 있을 테니까. 그럼에도 불구하고 아버지는 조언한다. 네가 선택한 삶, 너의 삶, 최선을 다해 살아가거라.

오래된 기억이 떠오른다. 자신을 위하는 삶보다 누군가에게 보이는 삶에 목말랐던 시절, 누군가의 삶을 쫓아 들어간 것이 얼마나 많았는지 모른다. '나의 삶'이 아닌 '누군가의 삶'을 쫓아 들어간 길. 결과는 당연했다.

몸에 옷이 맞는지, 아닌지 살펴보지도 않고 옷부터 샀으니, 맞을 리가 없었다. 실패의 연속으로 지친 아들의 마음도 비슷하지 않았을까. 하지만 그런 아들에게 아버지는 '포기'가 아닌, '믿음'을 보내고 있다. 그리고 그 말이, 지금 우리를 위로하고 있다.

당신을 위해 살아라. 당신만이 할 수 있는 일이 분명 있을 것이다. 당신을 기쁘게 하기 위해 살아라. 당신 나이 때의 몇 년은 그리 길지 않다. 당신, 자신을 위해 온 힘을 다하여라.

나는 손이 하나 없다는 데에 신경 쓰지 않습니다.
야구장을 향할 때마다 나는 내 팔을 보지 않았습니다.
나는 내 '꿈'을 보았습니다.

– 짐 애보트

2014년에 출간한 에세이 『오늘, 또 한걸음』에 이런 글을 썼었다. 활시위를 당기는 사람이 바라봐야 하는 것은 화살이 아니라 화살이 날아가 박힐 과녁이다. 짐 애보트의 이야기나 화살의 이야기에는 공통점이 있다. 당신이 지니고 있는 것을 믿고, 방향을 잃지 않기 위해 노력해야 한다는 사실이다.

지금 당신이 지니고 있는 것, 그것에 집중하라. 부러운 마음으로 무작정 길을 따라나서지 말고 당신이 지니고 있는지에 집중하고 몰두해라. 어디를 가든 무엇을 하든 당신이 해야 할 일은, '당신'을 지켜내는 것이다.

그렇다고 누군가의 조언이나 도움을 거부하라는 얘기는 아니다. 단지 '다른 사람의 옷'에 맞추려고 노력하지는 말라는 것이다. 맞지도 않은 옷에 당신의 몸을 맞추려고 노력하지 말고, 당신에게 맞는 옷을 찾아, 스타일을 살려라. 그 얘기를 하고 있다.

물론 스타일도 변화하고, 고정관념도 변화한다. 사회가 허락하는 범위, 사람들이 수용하는 범위를 두고 흔히 '대세'라고 말하는데, 그것 역시 살아있는 생명처럼 변화하고 진화하고 쇠퇴한다. 그러니 변화하는 것에 집중하지 말고, 변화하지 않는 '고유함'에 집중해야 한다. '어디까지 가 볼까'라는 대담함으로 당신의 고유함을 지켜야 한다.

생각이 바뀌면 행동이 바뀌고, 행동이 바뀌면 습관이 바뀌고, 습관이 바뀌면 운명이 바뀐다고 했다. 애벌레가 번데기에서 나비로 날아가기 위해서는 익숙했던 것을 과감하게 버릴 수 있어야 한다. 깨어진다는 것은 변화이며, 새로운 탄생이다. 경계는 그렇게 만들어진다.

'지금까지의 당신'과 '지금부터의 당신' 사이의 경계를 만들어야 한다. 진짜를 만들어야 한다. 당신의 고유함이 만들어내는 진짜 이야기를 해야 한다.

용기를 내어서 그대가 생각하는 대로 살지 않으면
머지않아 그대는 사는 대로 생각하게 된다.

- 폴 발레리

고유한
네가 결코
될 수 없는,
내가 결코
네가 되어서는 안되는.

알리바바 마윈의 12가지 인생강의

- 인생은 경험이다.

마윈. 그 이름에 대해 들어보지 않은 사람은 없을 것이다. "열려라, 참깨!"라는 메시지로 출발한 마윈의 전자상거래. 그가 전자상거래라는 분야에 뛰어들었을 때, 이미 그 바다에는 많은 고래가 있었다. 그런 상황에서도 스스로 '양쯔 강의 악어'라고 칭하며, 뛰어들었다.

마윈은 굳이 이베이와의 경쟁을 선택했다. 당시 마윈의 선택은 미친 짓거리 내지는 도박으로 여겨졌다. 마윈은 이베이가 매우 커졌으나 많은 부분에 있어 불완전하다고 보았다. 이러한 약점에 초점을 맞춘다면 이 싸움에서 이길 책략이 있다고 믿었다.

마윈은 당시 다음과 같은 말을 자주 했다.

"이베이를 바다의 상어라고 한다면 나는 양쯔 강의 악어다. 바다에서 싸운다면 나는 질 것이지만, 강에서 싸운다면 반드시 이긴다."

마윈은 이베이와 다른 노선을 걸었다.

현지화 마케팅은 타오바오가 승리를 거두게 할 묘안이었다. 이베이가 유료 서비스를 하는 것과는 다르게 타오바오는 돈을 받아 자본금을 회수하는 것에 조급해하지 않았다. 대신 시장을 키우는 것에 주력했다. 고객 만족도를 제일 우선에 두었다.

기업을 경영하거나 무엇인가를 시작하고자 할 때 '완벽한 출발'이란 없다. '완벽함'을 담보로 하는 '안전한 시작'은 없다. 그래서 누군가는 "아무것도 하지 않는 것이 더 안전하다."라는 말을 하기도 한다.

하지만 바로 그 순간에도, 누군가는 울타리를 넘고 밖으로 나온다. 호기심 가득한 눈으로 주위를 살피고, 자신을 살피고, 세상을 구경한다. 진짜인지 가짜인지. 위기인지 기회인지. 물러나야 할 때인지, 나아가야 할 때인지.

당연한 얘기지만 그런 과정의 어려움을 피할 방법은 없다. 어떤 식으로든 선택해야 한다. 나아가든 물러서든. 스스로 선택하고 스스로 책임져야 한다. 믿는 마음 하나로 말이다.

이런 말이 있다. "끈기가 있어서 끝까지 하는 것이 아니라 끝까지 하니까 끈기가 생긴다." 물러설 것이 아니라면, 남는 것은 한 가지이다. 나아가는 것. 전진뿐이다.

내가 깨달은 최고의 성공원칙은 절대 포기하지 않고 용기 있게 앞으로 나가야 한다는 것이다. 끊임없는 쇄신과 돌파가 필요하다. 방향을 찾을 때까지 자신을 돌파하라.

중요한 점은 미래에 대한 우리의 믿음이 이전에 경험한 고통에서 비롯된다는 사실이다.

오늘 힘들고 내일 더 고통스러우면 모레는 아름다운 성과를 거둘 수 있다.

그러나 절대다수는 다음 날 떠오르는 찬란한 태양을 기다리지 못하고 포기한다. 그래서 무엇을 하든 끈기가 필요하다.

인생은 늘 묻는다. '누구의 기준'에 의한 선택이었는지. '누구를 위한 선택'이었는지를. 힘겹게 대답하고 나면, 연이어 또 다른 질문이 날아든다. 그 선택에 대해 어떤 태도를 살아가고 있는지. 여전히 나아가고 있는지 혹은 물러섰는지를.

결국 인생은 질문과 대답의 연속이다. 질문하고 대답하는 시간들과의 기다림이다. 그렇기에 예상되는 질문에 대해 준비해두지 않으면 난감해질 수밖에 없다. 질문마다 다르게 내린 대답은 결국 스스로를 더 헷갈리게 만들 뿐이다.

생각하면서 살아야 한다. 생각하는 대로 살기 위해 노력해야 한다. 지금 하고 있는 것, 나아가고 있는 방향을 놓치지 않기 위해 노력해야 한다. 의문이 생기는 날에는 멈추어 숨 고르기도 해야 한다. 숨 고르기, 당연한 과정이다. 멈추지 않으면 된다.

오늘 힘들고 내일 더 고통스러우면 모레에는 아름다운 성과를 거둘 수 있음을 믿고, 겨울을 미리 준비하는 마음으로 옳은 일을 정확하게 해 나가면 된다.

마윈. 그는 이윤을 추구하는 '기업가'였지만, 그 중심에는 늘 '사람'이 있었다. 그의 고민은 늘 한 가지였다. 어떻게 하면 더 좋은 서비스를 줄 수 있을까? 그가 B2B를 'Business To Business'가 아니라 'Businessman To Businessman'이라고 얘기한 것만 보아도 그가 얼마나 'man(사람)'에 집착했는지 알 수 있다.

스스로 정한 사업방향과 그것에 대한 모델로 세상에 모습을 드러낸 상인을 위한 서비스 알리바바와 개인 간의 거래를 위한 타오바오 사이트. 바닷속에 뛰어든 '양쯔 강의 악어'는 바다에서 살아남기 위해 어떻게 해야 하는지 정확하게 알고 있었다.

포기하고 싶었던 순간, 그에게도 있었을 것이다. 작고 많은 흔들림이 그에게 '여기까지면 충분하다.'라고 속삭였을 것이다. 그럼에도 불구하고 마윈은 나아갔다. 심장이 허락하는 방향으로. 오늘이 힘들고 내일이 고통스러우면 모레는 더 아름다울 것이라는 믿음으로.

우리의 삶도 마윈과 크게 다르지 않다. 비록 크기와 규모의 차이가 있을지라도, 본질적인 부분은 다르지 않다. 삶을 찾아드는 수많은 흔들림. 그때마다 양쯔 강의 악어, 마윈을 떠올려봐도 좋을 것 같다. 마원이라면 이 상황에 어떤 선택을 했을까, 그는 무슨 말을 해줄까, 지금까지 잘해왔으니 이쯤에서 쉬라고 할까. 한 걸음만 더 나아가라고 할까.

죽도록 버티면 기회가 생겨난다.
당신은 지금 마라톤을 하고 있다. 길가에는 많은 음료수가 있다. 너는 마시면서 달리고 또 뛰면서 마신다. 달릴 수만 있다면 일단 달려가야 하지 않겠는가?

마원으로 부족하다고 한다면 파스퇴르는 "성공으로 나를 이끈 유일한 힘은 바로 끝까지 버티는 정신이다."라고 말했다. 성공과 실패는 결국 의지와 싸워서 이겨내느냐에 달려 있다. 성공한 사람들의 공통점은 의지력이 매우 강했다는 것이다.

목표는 보이지도 않고 만져지지도 않는다. 어떤 때는 멀리 가버려서 아무리 봐도 가망이 없다. 사람들은 목표가 어려워서 실패한 것이 아니라 희망이 없어서 실패한다.
마원이 성공할 수 있었던 것은 기회가 반드시 있다고 믿었기 때문이다.

'끝까지 버티는 정신'을 몸소 보여준, 사람을 소중하게 생각하는 기업가 마원. 기업이든 개인의 삶이든 늘 좋은 일만 생길 수는 없다. 변화든, 위기이든 어떤 식으로든 인생은 우리에게 끊임없이 요구한다. 배움을 받아들이든, 고통으로 받아들이든, 선택하라고 말한다.

윤슬 성장경영 연구소에서 '30일 미션프로그램'을 진행한 적이 있다. 자발적으로 스스로에게 미션을 부여하고, 30일 동안 그것을 지키겠다고 사람들 앞에서 공표하는 프로그램이었다. 부담감이 큰, 그래서 물러서고 싶은 충동이 가득한 프로그램이었다.

30일 동안 디자인을 하나씩 만들어내겠다는 미션을 공표한 세라믹 핸드페인터 JUSTINE. 잠과의 전쟁을 선포하면서 새벽 5시 기상미션 발표한 서리. 꼬박 30일. 3일이 아닌 30일. 그들은 해냈다.

스스로 어렵고 힘들어서 넘기 어려울 것이라고 여겼던 벽을 그들은 넘었다. 고비도 있었고 '지금까지 충분했다.'는 느낌도 있었을 텐데, 끝까지 해냈다. 그들은 '부담감'을 '배움'으로 기록했다.

참가자 중에는 30일은 아니지만 거의 30일을 채운 사람도 있었고, 그 뒤 개인적으로 미션에 도전한 사람도 있었다. 가끔 '큰 성공'에 대한 부담감으로 '작은 시작'조차 거부하는 경우가 종종 있는데, 작더라도 시도해보는 것. 그것이 중요하다.

어제는 하지 않았지만 지금 하고 있다면 차이는 만들어진 것이다. 어제와 오늘의 차이. '지금까지의 나'와 '지금부터의 나'와의 차이. 챙겨주지 않던 아침밥을 챙겨주는 것, 아이와 함께 영어공부를 함께하는 것, 노트에 필사를 시작하는 것, 성경공부를 시작하는 것, 성악을 배워보는 것, 시를 써보는 것. 무엇이어도 좋다. 시작이 중요하다.

거창한 것만 생각하면, 덤벼볼 수 있는 일이 별로 없다. 눈은 먼 곳에 손은 가까이에 두라고 했던 말, 다시 떠올려보자. 마윈은 말한다. "인생은 경험이다. 경험한다는 마음으로 시작하면 두려울 것이 없다. 밑질 것이 없으므로. 얻을 것만 기억하면 되니까."

　무엇이어도 좋을 것 같다. 마음이 허락하는 것이 있다면 시작해보았으면 좋겠다. 한 번뿐인 인생이다. 소풍은 못 되더라도 숙제만 하다가 떠나기엔 너무 아깝지 않겠는가.
　마윈의 말을 잊지 말자. 인생은 경험이다.

　나에게 두려움이 무엇이냐고 묻는데 나는 어떤 두려움도 없다.
　나는 인생을 경험이라고 생각한다. 당신이 아무리 대단해도 일생은 3만 6,000일의 여정이다. 이 세상에서 돈을 벌려고 온 것도 아니고 기업을 이루려고 온 것도 아니다.
　인생을 즐기러 온 것이다.

　- 마윈

경험
　지금 평가 내릴수 없는
　하지만
　언젠가 날 다시 기록될..

사랑하라,
한 번도 상처받지 않은 것처럼

- 인생에는 규칙이 없다.

춤추라, 아무도 바라보고 있지 않은 것처럼

(Dance like! No one's watching)

사랑하라, 한 번도 상처받지 않은 것처럼

(Love like! You've never been hurt)

노래하라, 아무도 듣고 있지 않은 것처럼

(Sing like! Nobody's listening)

일하라, 돈이 필요하지 않은 것처럼

(Work like! You don't need money)

살라, 오늘이 마지막 날인 것처럼

(Live like! It's heaven on earth)

예전에 〈내 이름 김삼순〉이라는 드라마에 나오면서 더 유명해진

〈사랑하라, 한 번도 상처받지 않은 것처럼〉이라는 '알프레드 디 수자'의 시이다. 원래 작자 미상이었는데, 알프레드 디 수자가 자신의 시에 인용하면서 알려지게 되었다.

사랑하라, 한 번도 상처받지 않은 것처럼. 어떻게 상처받지 않고 살아갈 수 있을까? 지금까지 받아온 상처로도 이미 노트 한 권인데. 아무도 바라보고 있지 않은 것처럼 춤을 추라니. 대담함과 용기를 갖춘 웬만한 사람이 아니고는 엄두도 못 낼 일이다.

거기에 아무도 듣고 있지 않은 것처럼 노래를 부르라니. 얘기가 나오기가 무섭게 주변에 누가 있나 없나 살피기 바쁜데. 어디 이뿐인가. 돈이 필요하지 않은 것처럼 일하라니. 정말 어려운 이야기다.

돈이 전부인 것 같은 세상인데, 돈이 필요 없는 사람처럼 살아가라니. 어디 그뿐인가, 영원히 이어질 것 같은, 일상의 연속인데, 마지막 날인 것처럼 살아가라니. 얼마나 어려운 얘기인가.

하지만 그럼에도 불구하고 가르침은 계속되고 있다. 내일 죽을 것처럼 오늘을 살고, 영원히 살 것처럼 내일을 꿈꾸어라. 탈무드에 나오는 글인데, 이제는 좌우명이 되어버렸다. 어느 날 지인이 탈무드 이야기를 하며 물었다.

"왜 내일 죽을 것처럼 살라는 거죠?"

"그러게요. 왜 그럴까요?"

"내일 죽는다고 하면 어떻게 될까요?"

질문을 질문으로 대답하는 습관 탓에, 대답은 다시 질문으로 이어졌다. 그렇다. 우리는 모두는 죽는다. '죽음'과 같은 보편적인 것에 대항할 수 있는 사람은 세상에 없다. 이런 문제의 경우, 방법은 한 가지뿐이다. 받아들이기. 딱히 다른 방도가 없다. 우리 힘으로 어찌해볼 수 없는 영역은 인정하고 받아들여야 한다.

하지만 그 외의 것들. 그러니까 우리 힘으로 어찌해볼 수 있는 것들. 그것들에 대해서는 얘기가 달라진다. 어떻게 살아가야 하는지. 어떻게 하면 좋은지 생각하기에 따라 가능성은 다양해진다.

삶에 대한 평가는 바로 그 지점에서 이루어져야 한다. 어떤 마음으로 받아들였는지, 어떤 태도로 살아내는지 살펴봐야 한다. 특별했었는지, 아니었는지. 고유했는지, 아니었는지.

랄프 왈도 에머슨은 자신이 태어나기 전보다 조금이라도 더 나은 곳으로 만들고 떠나는 삶을 '성공'이라고 정의했다. 성공. 한 번쯤은 성공에 대해 정의 내려봐도 좋을 것 같다. 성공을 강요하거나 정해놓은 것은 없다. 당신의 고유함으로 이해하고, 받아들이고, 재해석하고, 그것을 증명하는 삶을 살면 된다.

당신의 힘으로 어찌할 수 있는 것에 대해서는 최선의 노력을 다해라. 그리고 당신의 힘으로 어찌할 수 없는 것에 대해서는 최선의 태도로 맞이해라. 지금 이 순간, 당신에게 필요한 것은 그것이다.

　　춤을 춰야 하는 일이 생기면 아무도 바라보지 않는 것처럼 춤도 춰보고, 노래 불러야 할 일이 생기면 아무도 듣고 있지 않는 것처럼 노래 불러라. 어찌할 수 없는 상황이 주어졌다면, 현실적인 다른 대안이 없는 상태라면 남은 것은 한 가지뿐이다. 상황을 바라보는 당신. 당신의 태도를 바꾸는 방법이 최선이다.

　　좋아하는 일을 찾아 떠나지 않는 한, 유일한 방법은 지금의 일을 사랑하는 것뿐이다. 꼭 필요했던 사람처럼, 그것을 위해 태어난 사람처럼 노력해보는 것, 그것이 최선이자 최고의 방법이다.

　　어느 날 페르시아의 왕이 신하들에게 마음이 슬플 때는 기쁘게, 기쁠 때는 슬프게 만드는 물건을 가져올 것을 명령했다. 신하들은 밤새 모여 앉아 토론한 끝에 마침내 반지 하나를 왕에게 바쳤다. 왕은 반지에 적힌 글을 읽고는 크게 웃음을 터뜨리며 만족해했다.
　　반지에는 이런 글귀가 새겨져 있었다. '이것 또한 지나가리라.'

　　슬픔이 그대의 삶으로 밀려와 마음을 흔들고 소중한 것들을 쓸어가 버릴 때면 그대 가슴에 대고 말하라. '이것 또한 지나가리라.'
　　행운이 그대에게 미소 짓고 기쁨과 환희로 가득할 때 근심 없는 날들이 스쳐갈 때면 세속적인 적들에만 의존하지 않도록 이 진실을 조용히 가슴에 새기라.

'이것 또한 지나가리라.'

– 랜터 왈슨 스미스

언제부터인가 가슴에 새기고 다닌다. 이것 또한 지나가리라. 기쁨이 넘쳐 자만으로 넘어가려는 순간, 슬픔이 넘쳐 진흙 구덩이 속으로 더욱 발을 밀어 넣으려는 순간, 그런 순간을 맞이할 때면 되뇌고 또 되뇌인다. 이것 또한 지나가리라.

돌이켜 생각해보면 '어떻게 견뎠나.' 싶은 시간들이 있었다. "아픈 만큼 성숙한다."라는 말은 세상물정 모르고 뱉는 말이라며 냉소적으로 대했던 시간들도 많았다. 세상에서 가장 무거운 짐을 혼자 들고 있다고 믿었고, 나보다 더 힘든 짐을 들고 살아가는 사람은 세상에 없다고 단정했었다.

하지만 이제는 안다. 내가 들었던 짐이 세상에서 가장 무거운 짐이 아니었다는 것을. 더 무거운 짐을 짊어지고, 묵묵히 견뎌내는 사람들이 생각보다 많았다는 것을.

그래서 작게라도 전해주고 싶다. 조금 힘들 당신에게 '이것 또한 지나가리라.'라고. "조금만 견뎌내라."라고 말해주고 싶다. 분명 이것 또한 지나갈 것이므로.

사람들은 때로 믿을 수 없고, 앞뒤가 맞지 않고 자기중심적이다.

그럼에도 불구하고 그들을 용서하라.

당신이 친절을 베풀면 사람들은 당신에게 숨은 의도가 있다고 비난할 것이다.

그럼에도 불구하고 친절을 베풀라.

당신이 어떤 일에 성공하면 몇 명의 가짜 친구와 몇 명의 진짜 적을 갖게 될 것이다.

그럼에도 불구하고 성공하라.

당신이 정직하고 솔직하면 상처받기 쉬울 것이다.

그럼에도 불구하고 정직하고 솔직하라.

오늘 당신이 하는 좋은 일이 내일이면 잊힐 것이다.

그럼에도 불구하고 좋은 일을 하라.

가장 위대한 생각을 갖고 있는 가장 위대한 사람일지라도

가장 작은 생각을 가진 사람들의 총에 쓰러질 수 있다.

그럼에도 불구하고 위대한 생각을 하라.

사람들은 약자에게 동정을 베풀면서도 강자만을 따른다.

그럼에도 불구하고 소수의 약자를 위해 싸우라.

당신이 몇 년에 걸려 세운 것이 하룻밤 사이에 무너질 수도 있다.

그럼에도 불구하고 다시 일으켜 세우라.

당신이 마음의 평화와 행복을 발견하면 사람들은 질투를 느낄 것이다.

그럼에도 불구하고 평화롭고 행복하라.

당신이 가진 최고의 것을 세상과 나누라. 언제나 부족해 보일지라도

그럼에도 불구하고 최고의 것을 세상에 주라.

– 인도 캘커타의 마더 테레사 본부 벽에 붙어 있는 시

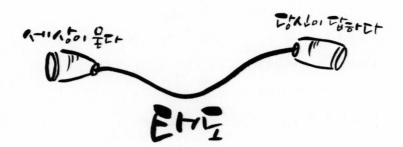

나는 이렇게 될 것이다

- 어느 길이든 훌륭함으로 가는 길은 있다.

변화경영 전문가, 변화경영 사상가, 변화경영 시인. '구본형'은 스스로를 그렇게 변화시켰다. '어떻게 살 것인가.' 하는 질문을 생각할 때면 늘 그가 생각난다.

나를 다 쓴 삶을 산다는 것. 삶을 시처럼 사는 것.
내 삶을 최고의 예술로 만드는 것. 그것이 자기경영의 목적이다.

경영이라는 단어에 대해 흔히 사람들은 기업으로 제한하는 경우가 많은데, 실제 경영에는 개인적인 삶, 기업, 사회, 국가 모든 것을 포함하고 있다. 그래서 자기경영, 기업경영, 사회경영, 국가경영, 더 나아가 창조경영까지 가능하다.

기업이나 사업을 관리하고 운영한다는 기본적인 개념 외에도 "기초를 닦고 계획을 세워 어떤 일을 해나간다."라는 의미에서 경영은 '지속적인 것'에 대해 가능성을 열어놓았다. 그래서 국가로 집중하면 국가경영이 되고, 기업에 집중하면 기업경영이 되고, 개인에게 집중하면 자기경영이 된다.

　　자기경영. 자기경영의 시작. 그것은 '자신을 아는 것'에 있다. 소크라테스가 말한 "너 자신을 알라.", 바로 자기경영의 시작점이다. 자신을 안다는 것, 자신이 가지고 있는 것이 무엇이며 지니고 있지 않은 것이 무엇인지 확인해보는 것, 자기경영의 필수이다.

　　자신이 원하는 삶이 무엇인지. 그 삶을 위해 무엇을 해야 하는지. 자신의 강점이 무엇인지, 약점이 무엇인지, 알고 시작해야 한다. 기업이 자산과 부채를 확인하는 것처럼 자신의 자산과 부채는 알아야 한다. 그러면서 거기에 구본형은 덧붙인다.

　　자신이 가지고 있는 '죽여주는 기술 하나'를 발견해라. 그 기술을 사회에 사용해라. 그리고 이왕이면 좋은 영향력을 끼쳐라. 결국 공헌력. 자기경영의 완성은 '공헌력'에 있었다.

　　누군가 그에게 묻는다.

　　"죽여주는 기술은 어떻게 발견하나요?"

구본형은 답한다. 시도해라, 한 번도 실패하지 않은 사람처럼. 한 번도 실패하지 않은 사람처럼 시도하고, 시도하고 또 시도해라.

청춘들이 인생의 절정을 29.5세라고 말했지만, 29.5세를 지나고 39.5세도 지나 마흔둘이 된 나는 말한다. 아직 내 인생의 절정은 오지 않았다. 아직 내 꽃은 피지 않았다. 내 생애 최고의 날은 아직 오지 않았다. 아직 시도해보지 않은 것들이 남아 있어 가슴은 뛰고, 마음은 설레인다.

지금껏 많이 시도하고, 많이 실패했지만, 지금 이 순간에도 시도하고, 또 시도한다. 여전히 인생시계는 건재하며 '죽여주는 기술 하나'라며 큰소리칠 수는 없지만, 여전히 가슴은 뛴다. 아직 시도해 볼 수 있는 것이 남아 있다는 것. 아직 시도해 볼 수 있는 날이 내게 있다는 것. 그 사실이 감사할 뿐이다.

나는 어둠을 품은 밝음이다. 내가 가장 먼저 해야 할 일은 나의 밝음을 확산하는 것이다. 어둠을 지우는 대신 나의 밝음을 키우는 것이 선행되어야 한다. 이것이 내 전략이다.

첫째, 무슨 일을 계획하든 어두운 부분, 즉 문제를 먼저 고치려 하지 마라. 그 대신 밝은 부분, 즉 잘하는 일을 확장하는 것을 최우선 과제로 삼아라. 책을 읽고, 이론을 체계화하고, 글을 쓰고, 여행을 하고, 사람을 가르치는 일에 몰입하라. 그 일들이 내 하루를 지배하게 하라.

둘째, 잘하는 일에 몰입해 신속하게 작은 승리를 만들어내라. 승리는 가장 짜릿한 동기부여다. 1년에 한 권은 책을 내라. 책은 훌륭한 성과물이다. 한 해에 열 명씩 연구원을 배출하고 프로그램을 돌려 절실한 젊은이들을 만나라. 사람이 남으면 성공한 인생이다.

1년에 두 번은 꽤 긴 여행을 가라. 자유를 즐길 수 있어야 자유인이다.
일주일에 세 번은 강연을 하라. 그 이상은 하지 마라. 아웃풋과 인풋의 균형을 잡아라.

셋째, 끊임없이 삶의 에너지를 주입하라. 에너지는 기분과 감정이다. 이론이 아니다. 그것은 감성이다. 따라서 끊임없이 삶의 기쁨을 느끼고 감탄이 많은 하루를 보내라.

그의 말처럼, 우리 모두는 어두움을 품은 밝음이다. 어두움을 지우려 애쓰는 것보다 밝음을 늘려가는 것이 훨씬 유리하다. 문제 자체를 바꿀 수는 없지만, 문제를 해결하는 방법은 바꿀 수 있다.

자기 경영은 세 가지를 확보해야 한다.
첫 번째는 인생이라는 올림픽에서 내가 출전할 종목을 결정해야 한다. 나를 가장 잘 표현할 수 있는 종목, 그것 때문에 내가 빛날 수 있는 가장 나다운 종목은 무엇일까? 이것이 핵심질문이다.

두 번째 자기 경영의 요체는 훈련이다. 일단 가장 나다운 종목을 발견하면 땀을 흘려야 한다. 땀은 매일 흘려야 약발이 받는다. 연습이 습관이 되어야 매일 할 수 있고 매일 해야 선수가 될 수 있다.

자기경영의 세 번째 요체는 운이다. 운이 좋을 수도 있고 나쁠 수도 있다.

오늘 내게 일어난 불운이 눈물이라면 내일 나에게 일어날 수 있는 행운은 웃음이 될 것이다. 중요한 것은 불운이 일어나도 내일 다시 바벨을 들어야 하고, 행운을 거머쥐었다 하더라도 내일 다시 바벨을 들어야 한다는 것이다.

인생의 올림픽에서 어떤 일이 벌어지더라도 다시 시작할 수 있는 자세, 그것이 자기 경영이다. 인생 전체를 기획할 때는 영원히 살 것처럼 긴 안목으로 다가서고, 실천할 때는 오늘이 마지막 날인 것처럼 매달려야 한다. 그리고 신념을 갖고 자신의 언어로 주술을 걸어야 한다. 내가 가장 좋아하는 평범한 삶을 위한 주술. 내 꽃도 한 번은 필 것이다.

하늘은 스스로 돕는 자를 돕는다. 진인사대천명盡人事待天命. 표현은 다르지만 똑같은 말이다. 밝음을 더욱 밝히기 위해 노력해야 한다. 밝음을 찾기 위해 노력하고, 밝음을 드러내기 위해 연구해야 한다.

혹시 밝음을 찾았다면, 거기에서 끝낼 것이 아니라 더욱 밝힐 수 있는 방법을 찾아야 한다. 어제 불운이 있었든, 행운이 있었든 역도 선수가 오늘 해야 하는 일은 바벨을 들어 올리는 것이다. 어두움을 핑계로 밝음이 사라지는 일이 생기지 않도록 해야 한다.

작은 부자는 사람이 만들고, 큰 부자는 하늘이 만든다는 말처럼 결과에 대한 평가는 하늘에 맡겨놓자. 결과는 나중 일이며, 평가 역시 훗날에 이루어질 것이다. 당신이 집중할 것은 오로지 '당신'과 '당신의 지금'이다.

당신의 영역에 있는 것, 당신이 어찌해볼 수 있는 것에 집중해라. '언젠가 내 꽃도 한 번은 피리라.'는 마법의 가루도 뿌려주고, '아직 내 생애 최고의 날은 오지 않았다.'는 믿음도 놓치지 마라.

역사학자를 꿈꾼 구본형. 그에게 스승은 이렇게 말했다고 한다.
"어느 길로 가든 훌륭함으로 가는 길은 있다."
삶의 수많은 기록 중에 실패로 평가되는 것도 있고, 성공으로 기록되는 것도 있다. 하지만 성공이나 실패라는 평가 이전에, 시도해본다는 것. 그 자체가 이미 밝음이며 생명이다.

시도하는 삶을 선택해라. 시도하고 또 시도해라. 넘어지면 오뚝이처럼 다시 일어서면 된다. 자기경영. 절대 누가 대신 해주지 않는다. 당신이, 당신을 끌고 가지 않으면 안 된다.

인생에는 여러 가지 길이 있다. 스스로 모색하여라. 헌신하고 모든 것을 걸어라. 그러나 그 길이 아니라 해도 실망하지 말거라. 앞에 다른 길이 나오면 슬퍼하지 말고 새 길로 가거라. 어느 길로 가든 훌륭함으로 가는 길은 있는 것이다.

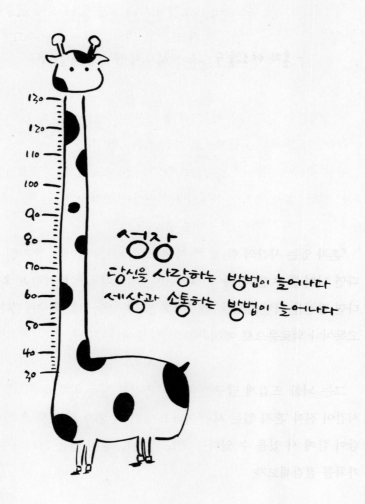

성장

당신을 사랑하는 방법이 늘어나다
세상과 소통하는 방법이 늘어나다

혼자 있는 시간의 힘

- 혼자 서 있을 수 있는 사람이 함께 서 있을 수 있다.

『혼자 있는 시간의 힘』을 쓴 사이토 다카시는 말한다. 혼자일 수 없다면 나아갈 수 없다. 누가 혼자 있는 시간에 무엇을 하는지 물어온다면 당신은 어떤 대답을 할 것인가? 혼자 있는 시간의 힘. 단순하게 고독이나 외로움으로 이해하면 안 될 것이다.

그는 뇌를 뜨겁게 달구는 시간, '온전한 단독자'가 되는 시간. 그 시간이 진짜 '혼자 있는 시간'이라고 말한다. 혼자 서 있을 수 있는 사람이 함께 서 있을 수 있다는 말도 있는데, 혼자 있는 시간의 힘. 그 가치를 점검해보자.

'당신에게 혼자 있는 시간이란 어떤 의미인가?'
'당신은 언제 혼자 있는 시간을 보내는가?'

키워드 2 · · ·

'혼자 있는 그 시간, 당신은 무엇을 하는가?'
'당신의 선택에 의해 그 시간을 만들어내고 있는가?'
'아니면 어쩔 수 없이 주어지는 시간인가?'

모두가 부러워할 만한 일을 하고 있는 사람이라면 틀림없이 혼자 있는 시간에 무엇을 해야 하는지 알고 있다. 모든 사람들과 잘 지내 보여도 젊은 시절에 몇 년 정도는 고독의 시간을 경험했을 것이다. 그 단독자의 혼이 밑바탕에 수맥처럼 쉼 없이 흐르고 있기 때문이다.

혼자가 되면 되는 대로 충실하고 창조적인 시간을 만들어 낼 수 있다. 나의 지인은 두껍고 어려운 책을 수년에 걸쳐 번역하여 출간했다. 그동안은 친구도 거의 만나지 않았다. 그래서 사교성이 좀 떨어지는 사람이라는 평가를 받기도 했지만 그는 번역에 완전히 몰두했다.

나는 이제 쉰 고개를 넘은 그가 그토록 고독의 시간을 소중히 여기는 것을 알고 솔직히 감동했다. 혼자 있는 시간을 이용하여 혼자가 아니고는 할 수 없는 세계를 즐길 수 있다면 40대, 50대, 60대가 되어도 충실한 날을 보낼 수 있다. 사람들과 함께 있어도 즐겁고, 혼자가 되어도 만족스럽다.

하지만 그것은 어느 정도 젊었을 때 혼자 있는 시간을 즐기는 습관, 즉 고독의 기술을 익혀둬야 가능한 일이다. 친구와 함께 안락한 날만 보낸 사람은 갑자기 혼자가 되었을 때 외로움을 감당하지 못한다.

애초에 뭘 해야 할지를 모르니, 그저 단골 술집에 들러 좋아하는 술이나 안주가 나오면 기뻐하는, 낯익은 사람들과 잡담을 나누다가 돌아와 잠자리에 드는 인생이라면 고독하지 않을지는 몰라도 후회 없이 살았다는 생각을 하기는 어려울 것이다. 혼자가 되었을 때 무엇을 할 것인가, 여기에서 좋은 고독과 나쁜 고독의 갈림길이 나뉜다.

혼자 있는 시간의 힘. 그것을 절대적으로 신뢰한다. 단독자의 혼. 역시 절대적으로 긍정한다. 삶은 숙성의 시간을 필요로 하고, 숙성된다는 것은 깊고 담백하며 군더더기가 없다.

가벼운 것들이 가라앉은, 불필요한 것으로부터 자유로워진 공간. 그 공간 속에서 숙성은 이루어진다. 그렇기에 우리에게도 필요하다. 혼자 있는 시간, 우리의 혼으로 채워진 온전한 시간이 반드시 필요하다. 성숙되고, 성장하는 삶을 원한다면 더욱 그럴 것이다.

사이토 다카시는 말한다.
성장하기 위해서는 한번쯤은 익숙한 곳을 빠져나와야 한다. 지금 익숙하고 편안한가? 생각이나 고민이 필요 없는가? 질문이 필요 없는가? 어쩌면 정말 '문제없는 상황'일 수도 있다. 아니면 이제 겨우 숨고르기에 들어간 것인지도 모르겠다.

그렇다면 조심스럽게 다시 물어보겠다. 하루 중에 혼자 있는 시간이 얼마나 되는가? 혼자 있는 시간에 무엇을 하는가? 혼자 있는 시간은 스스로 단독자의 혼으로 선택한 것인가? 불가피하게, 어쩔 수 없는 상황으로 주어진 것인가? 그렇게 주어진 시간을 무엇으로 채우고 있는가? 단독자로서의 삶을 생각해본 적이 있는가?

만약 지금까지 생각해본 적이 없다면 오늘, 지금부터 생각해봐야 한다. 혼자 있는 시간, 당신은 과연 무엇을 하면서 보내고 있는지. 지금의 당신은 '지금까지의 당신이 만들어낸 시간의 결과물'이다. 결과가 만족스러운가? 그렇다면 괜찮다. 지금처럼, 그대로 살아가면 된다.

그러나 만족스럽지 않고 '이게 아닌데.' 하는 생각이 든다면, 한번 살펴봐야 한다. 왜 지금과 같은 결과가 생겨났는지. 왜 만족감이 느껴지지 않고 부족함이 느껴지는지. 그리고 원하는 것이 있었다면 그동안 어떤 노력을 했었는지, 살펴봐야 한다.

지금까지의 시간들. 그 시간들이 '지금의 당신'을 만들었다는 사실을 받아들여야 한다. 혼자 있는 시간의 힘. 당신이 생각하는 것보다 훨씬 위대하다. 혼자 있는 시간. 이제는 만나야 한다. 만나서 느껴야 한다. 무엇과도 비교할 수 없는 강력함과 견고함을 경험해봐야 한다.

당신이 그 시간을 당신에 의한, 당신을 위한 것들로 채운다면 분명 훗날 당신은 이렇게 말할 것이다. "혼자 있는 시간, 뇌를 뜨겁게 달구는 시간. 그 시간들이 나를 키웠다."라고. 경험해보고 싶지 않은가?

나는 '혼자만의 시간을 편안하게 보내자.'고, '자신을 치유하자.'고 주장하는 것이 아니다.

자신과 마주하는 시간 혹은 자신의 능력을 충분히 키우는 시간을 좀 더 갖자고 말하고 싶다. 뇌를 뜨겁게 달아오르게 하는 지적인 생활이야말로 누구나 경험해야만 하는 '혼자 있는 시간'의 본질이다.

시간
빌려올 수 없는
빌려줄 수 없는
다시 만날 수 없는 ..

네가 헛되이 보낸 오늘은 어제 죽어간 이가 그토록 기다리던 내일이다

- 아직 우리는 살아있다.

"네가 헛되이 보낸 오늘은 어제 죽은 이가 그토록 그리던 내일이다."

이 말은 그리스 극작가 '소포클레스'의 말이다. 부유한 가정에서 태어났지만, 애국심과 진지함으로 그리스 시민들의 존경을 받았던 소포클레스. 삶과 죽음, 존재와 사라짐에 관한 지혜로운 글을 많이 발표했는데, 현재 7편 정도 남았다. 소포클레스, 그는 당부한다. "살아있는 이 순간을 감사하게 생각하고, 행동하는 사람이 되라."

저자는 책을 소개하면서 이런 말을 한다. 나는 또 하나의 생일을 갖게 하기 위하여 출간했다. 비슷한 마음에 동지애를 느끼며 질문을 던져본다. '살아있는 이 순간에 감사하고 있는가?', '나는 행동하는 사

람인가?', '내게 또 하나의 생일이 있었던가?'

『네가 헛되이 보낸 오늘은 어제 죽은 이가 그토록 그리던 내일이다』이 책은 삶의 목표를 세우고, 그 목표를 위해 자신의 삶을 완전히 불태우고 떠난 사람들의 기록이다. 삶을 완전히 살다가 떠나간 그들이 지상에 남긴 마지막 메시지라고 할 수 있다.

삶의 주인이 되려고 했던, 생의 단 한순간도 낭비하지 않기 위해 애썼던 사람들. 시대와 언어가 달랐지만, 그들에게는 특별함이 있다. 그들은 결코 '자기 자신'만을 위해 살지 않았다. 자신을 넘어, 세상을 이롭게 하는, 사람을 이롭게 하는 삶을 선택했다.

그러면서 우리에게 질문을 던진다. 당신이 남길 수 있는 마지막 모습을 상상해본 적이 있는가? 당신이 마지막에 남기고 싶은 것은 무엇인가?

이 책을 읽는 동안 잠시 여행을 한 것 같았다. 원재훈은 무궁화 다섯 개짜리 호텔 방 같은 곳으로 우리를 초대한다. 아주 편안하고 안락하게 위대한 인물들을 만날 수 있다. 책을 읽고 나자, 혼자서만 읽어서는 안 되겠다는 생각이 들었다.
좌절하고, 방황하고, 슬퍼하는 사람들, 그렇게 가까이에서 울고 있는 사람들의 어깨를 두드려주고, 그들이 울음을 그치면 곁에 놓아주고 싶다.

울음을 그친 어깨를 안아주며 말해주고 싶다.

나를 대신해 살아줄 사람은 없다 ···

"괜찮아. 지금까지 잘해왔어. 정말 괜찮아."

"다행이야. 살아있어서. 다행이야."

"괜찮아. 괜찮은 거 맞아. 진짜."

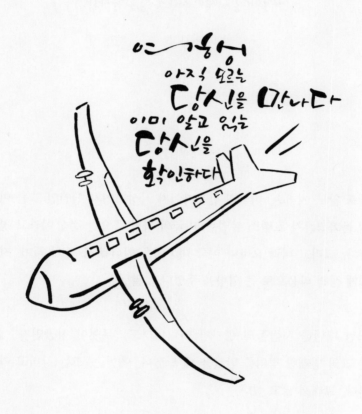

세상의 중심에 너 홀로 서라

- 매일매일 완전히 새로운 날을 살아라.

　　랄프 왈도 에머슨. 미국의 산문가이자 사상가이자 시인인 그를 미국의 문화평론가 로렌스 뷰얼은 '미국의 가장 중요한 정신'이라고 평가했다. 그리고 버락 오바마 미국 대통령은 인터뷰 중에 이 책이, 자신에게 성경 다음으로 큰 영향을 주었다고 말했다.

　　이런 대단한 사람들의 평가가 아니더라도, '무엇이 성공인가.'에 대한 그의 명쾌한 정의를 만났을 때 느꼈다. 에머슨, 그는 강하고 따뜻하다. 그래서 닮고 싶다.

　　자주 그리고 많이 웃는 것, 현명한 이에게 존경을 받고 아이들에게서 사랑을 받는 것, 정직한 비평가의 찬사를 듣고 친구의 배반을 참아내는 것, 아름다움을 식별할 줄 알며 다른 사람에게서 최선의 것을 발견하는 것,

건강한 아이를 낳든 한 뙈기의 정원을 가꾸든 사회 환경을 개선하든 자기가 태어나기 전보다 세상을 조금이라도 살기 좋은 곳으로 만들어 놓고 떠나는 것, 자신이 한때 이곳에 살았음으로 해서 단 한 사람의 인생이라도 행복해지는 것. 이것이 진정한 성공이다.

- 무엇이 성공인가

『세상의 중심에 너 홀로 서라』에서 에머슨은 말한다.

자기 자신. 자기 자신을 신뢰하고 굳게 믿어라. 절대 믿어라. 확신해라. 자신을 믿고, 자신의 선택을 믿고, 자신의 길을 걸어라. 그러면 신이, 하늘이 당신을 도우러 마중 갈 것이다.

자신을 믿어라. 우리의 마음은 강철과 같은 진리에 진동한다. 신의 섭리가 당신에게 마련해준 자리를, 당신과 동시대의 사회를, 모든 일의 연결고리를 받아들여라. 위대한 사람들은 언제나 그렇게 해왔다.

그들은 자신의 절대적인 확신을 은연중에 드러내고 책임을 다해 일하며 자기 자신을 다스렸고 자신을 어린아이처럼 시대의 정신에 안착시켰다. 우리는 인간이기에 가장 고귀한 마음으로 초월적인 운명을 받아들여야 한다.

안전한 구석에 숨은 나약한 사람들, 무력한 사람들, 혁명 직전에 도망치는 겁쟁이가 아닌 길잡이와 구원자 그리고 그 후원자들만이 혼돈과 어둠을 헤치고 나아간다.

자기 자신의 길을 간다는 것. 물론 말처럼 쉽지 않다. 하지만 에머슨은 말한다. 평범함과 위대함의 차이는 아주 작은 것에 있다. 그리고 그것은 '자기 자신을 믿느냐, 믿지 않느냐.'에 달려 있다.

군중 속에 있으면서도 온화하고, 홀로 있으면서도 온화할 수 있어야 한다. 확신을 가지고, 책임을 다해 나아간다면 분명 만나게 된다. 위대함에 이르는 길을. 훌륭함에 이르는 길을.

나는 내가 반드시 해야 하는 일들만 생각할 뿐, 남들이 어떻게 생각하는지는 신경 쓰지 않는다. 이러한 규칙은 실생활과 지적인 삶에서 똑같이 어려운 일이지만, 위대함과 평범함을 나누는 기준이 되기도 한다. 이러한 분별은 당신의 의무가 무엇인지 당신보다 더 잘 안다고 생각하는 사람들이 꼭 있기 때문에 더욱 어렵다.

세상 속에서 세상의 견해에 순응하며 살아가는 것은 쉬운 일이다. 또한 홀로 존재한다면 자신의 견해를 따라 사는 것도 쉬운 일이 될 것이다. 그러나 위대한 사람은 군중 속에서도 완벽한 온화함을 유지하며 고독하게 홀로 서 있는 사람이 아니겠는가!

에머슨은 덧붙인다.

당신이 하려고 하는 것, 당신이 하고 싶은 것. 그것에 집중해라. 남들이 어떻게 생각하는지는 중요하지 않다. 물론 그 말이 그들을 무시하라는 얘기가 아니다. 다만 그들의 이야기를 세상에서 가장 소중한 것처럼 받아들이지 말라는 것이다.

누가 뭐래도 당신보다 당신을 더 잘 아는 사람은 세상에 없다. 다만 당신이 제대로 알려고 하지 않았기 때문에 모르고 있는 것이다. 그러니 당신보다 당신을 더 잘 아는 것처럼 말하는 그들. 그들을 당신 삶의 주인공으로 만들지 않아야 한다.

오로지 당신 자신을 삶의 한가운데에 두어라. 그리고 다른 사람을 도와주듯, 돕는 마음으로 당신을 도와라. 스스로 혼자 똑바로 서서, 나아갈 수 있도록, 당신이 원하는 것을 할 수 있도록 당신을 먼저 믿고, 길을 열어주어라. 누구보다 당신에게 먼저 기회를 주어라.

행운의 비밀은 우리 손안에 있다. 신과 인간에게 언제나 환영받는 것은 바로 스스로 돕는 인간이다. 그를 위해서는 모든 문이 활짝 열려 있다. 모든 혀가 그를 환영하고, 모든 영광이 그에게 왕관을 씌우고, 선망의 시선이 그를 좇을 것이다. 그는 우리에게 사랑을 요구하지 않기에 우리는 그를 찾아가 그를 껴안는다.

그가 자신의 방식을 고수하고 우리의 반대를 꾸짖었기에 우리는 염려하고 미안해하며 그를 돌보고 찬양한다. 사람들이 그를 증오하기에 신들은 그를 사랑한다. 조로아스터는 말했다. "굴하지 않는 인간에게는 축복받은 불멸의 신이 스쳐갈 것이다."

행운을 기다리고 있는가? 행운의 여신이 언제 다녀갈지 궁금한가? 그 모습에 대해 에머슨은 단호하다.

이별해라. 행운의 여신과 이별해라. 행운의 여신. 당신이 선택할 수 있는 대상이 아니다. 차라리 그 시간에 '원인과 결과'에 집중해라. 뿌려놓은 것이 없으면, 거두어들이는 것도 없다. '원하는 결과'가 있다면, 결과가 만들어질 수밖에 없는 '원인'을 만들어라.

당연한 얘기이다. 봄이나 여름에 아무것도 하지 않은 농부가 가을을 기대할 수는 없다. 아무것도 시작하지 않았다면 아무 일도 일어나지 않는 것, 그게 정상이다.

늦지 않았다. 지금부터라도 원인에 집중해보자. '원하는 것'이 있다면, 그것을 만들어 낼 '원인'을 찾아보자. 그리고 시도하고 또 시도해보자. 행운의 여신이 가던 길을 뒤돌아볼 만큼, 하늘이 당신의 길을 궁금해할 만큼. 시도하고 또 시도해보자. 지금 시작해도 충분하다.

그대여! 아직도 행운의 여신과 함께할 것인가? 그녀와 도박을 벌이며, 그녀가 행운의 바퀴를 굴리는 것에 따라 전부를 얻거나 전부를 잃을 것인가? 그녀에게서 얻는 승리는 부당한 것이니 그녀와 이별하라.

그리고 신의 대법관인 '원인과 결과'로 승부하라. 그러한 '의지'에 따라 일하고 얻으면 행운의 바퀴에 철심을 박아놓은 것이나 다름없으니, 당신은 지금부터 그것이 돌아가는 것을 두려움 없이 지켜볼 수 있다.

키워드 3

순간이 모여
인생을
만든다

세계 최고의 인재들은
왜 기본에 집중할까

- 뿌리 깊은 나무는 쓰러지지 않는다.

무엇보다 '기본'이라는 표현이 좋았다. 부담스러우면서도 동시에 인간적으로 다가오는 '기본'이라는 단어가 좋았다. 그리고 '세계 최고의 인재들의 기본'이 무엇인지도 궁금했다.

도쓰카 다카마사. 저자는 일본 내의 대학을 졸업하고 골드만삭스를 거쳐 하버드 비즈니스스쿨 그리고 맥킨지를 거쳐 현재 글로벌 사업개발과 인재개발을 지원하는 회사를 경영하고 있다. 그는 골드만삭스와 하버드 비즈니스스쿨, 맥킨지를 거치면서 느낀 '세계 최고의 인재들의 기본'을 '자신의 경험'에서 멈추지 않고 '세상의 경험'으로 나누고 싶어 했다.

이 책은 큰 주제로 4가지, 다시 주제별로 작은 주제와 현장에서의 에피소드를 중심으로 스토리를 이어가는데, 회사생활에서의 기억 때문일까 읽는 재미가 쏠쏠했다.

『세계 최고의 인재들은 왜 기본에 집중할까』

이 책 역시 '성장'이라는 단어를 표면에 드러내지는 않지만, 궁극적인 방향은 다르지 않았다. 가치관과 태도, 행동, 관계 등에 대한 생각과 함께 '당신은 더 나은 사람이 되고 싶은가?'라는 질문을 곳곳에 숨겨놓고 있었다.

나와 동기가 묵게 된 방은 다른 층이었다. 엘리베이터에 올라탄 우리 두 사람은 무의식적으로 상대방이 내리는 층의 버튼을 동시에 눌렀다. 나는 동기가 내리는 7층을, 동기는 내가 내리는 13층을 눌렀다. 서로가 상대방을 먼저 배려하려고 행동한 것이다. 무의식적인 행동에 나는 무척 놀랐고 한편으로는 내심 기분이 좋았다.

이렇게 애프터 유after you의 정신이 철저하게 배어있는 까닭은 어렸을 때부터 양보하는 정신을 배워왔기 때문이다. 민족, 인종, 출신지, 모국어 등이 다양한 사회에서는 동일 민족 간의 암묵적인 상식이라고 통용될 만한 기준이나 룰이 없다. 그렇기 때문에 오히려 명백하고 이해하기 쉬운 룰을 만들기 용이하다.

우리에게 다소 낯설게 느껴지는 애프터 유 정신도 실은 미국사회에서는 자연스럽게 이루어지는 룰이다. 서로 양보하는 데 있어서 한 가지 주의해야 할 점이 있다면 애프터 유는 남성과 여성을 구별하지 않고 실천하는 배려이다.

애프터 유에 대해 누군가 현실과 참 동떨어졌다. 혹은 고리타분하다고 말할지도 모르겠다. 그러나 세계 최고의 인재를 만난 그는 얘기한다. "애프터 유 정신, 배려. 그것은 기본이다."

살아가면서 '애프터 유'를 발휘한다는 것이 쉬운 일은 아니다. 그래서 종종 그 모습에 두고 '손해 보는 행동'이라며 말리는 경우도 제법 볼 수 있다. 그럼에도 불구하고 그는 말한다. "애프터 유는 기본이다."

상상해본다. 여기서도 '애프터 유', 저기서도 '애프터 유'하는 모습을. '네 위에 나'가 아닌 '너도 나와 함께'라는 모습을 떠올려본다. 최고의 인재까지는 아니어도 '더 나은 사람'이 되고 싶은 사람이라면 충분히 의미 있음이다.

『세계 최고의 인재들은 왜 기본에 집중할까』

"평생 자기계발을 지속해야 한다. 그렇게 하고 있는가?"
"하루도 빠짐없이 성과를 내야 한다. 그렇게 하고 있는가?"

계속되는 질문은 당신과 당신을 둘러싼 것들과의 관계를 정리하는 시간이 될 것이다. 어떤 관계로, 어떻게 얽혀있는지 확인하는 시간이 될 것이다. 버려야 한다고 말하면서 버리지 못하는 것. 지켜내겠다고 다짐하면서 놓쳐버리는 것, 그런 것들에 대해 생각해보게 될 것이다.

가끔 누군가는 이런 질문들이 오히려 삶을 더 번거롭게 한다고 말하기도 한다. 쉽고, 단순하게 살아가면 될 것을 너무 어렵게 살아간다고 말하기도 한다. 물론 틀린 말은 아니다. 그런데, 이 단순성. 그리 만만한 것이 아니다.

단순하다는 것. 아무것도 하지 않는, 혹은 가장 쉬운 것을 의미하는 게 아니다. '텅 빈 충만함'이라는 말처럼 걸러내고, 덜어내고, 비워낸 후에 남겨진 것. 그게 단순성이다.

생각하지 않고, 고민하지 않고, 저절로 얻어지는 게 아니다. 질문하고 생각하고 대답하고, 그런 과정들이 반복되면서 드러나는 것이다. 반복적으로 보이는 행동. 그것이 단순성이다. 그렇기에 단순성은 오히려 일관성과 더 닮아있다.

항해를 시작한 배 위에서 항구로 돌아갈 것이 아니라면 선장은 늘 생각한다. 잘 나아가고 있는지. 항로에 맞는지. 장비에 문제는 없는지. 갑작스러운 위기의 상황에 어떻게 대처해야 하는지.

선장이 스스로를 믿고, 항로를 벗어나지 않기 위해 노력하면서 배를 이끌어가듯이, 당신도 그래야만 한다. 당신, 스스로를 믿고, 방향에 맞게 제대로 나아가는지 점검하면서 이끌어야 한다.

잘 가고 있는지, 가고자 하는 방향은 맞는지, 기본은 지켜지고 있는지. 문제가 생기면 가장 좋은 방법을 찾기 위해 노력하면서 전진해야 한다. 우리는 이미 바다 위에 서 있다. 이미 출발한 길이다. 항구로 돌아갈 생각이 아니라면 나아가야 한다.

이끌어야 한다. 당신, 스스로를 이끌어야 한다. 누구에게 이끌어달라고 소리치지도 말고, 누가 이끌어주지 않는다고 원망하지도 마라. 그것은 낯선 세상을 처음 만난 아이들의 방식이다. 그 방식으로 세상에 통하는 일은 없다.

믿어라. 당신을 믿어라.
이끌어라. 스스로를 믿는 마음으로 당신의 삶을 이끌어라.
포기하지 마라. 당신을 위한 항해를.

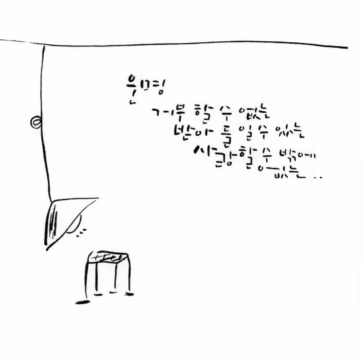

웃음?

기뻐 할 수 없는
반아 들일 수 있는
사랑할 수 밖에
없는 ..

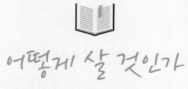

어떻게 살 것인가

– 성장은 '어제의 나'와 '오늘의 나' 사이의 간격이다.

그렇다면 우리는 『징비록』에서 이야기하는 미래에 대한 대비를 어떻게 해야 할까요? 가장 중요한 것은 우리 내부를 통합하고 그 통합을 바탕으로 우리의 역량을 키우는 일입니다. 일본의 역사소설가 진순신은 『청일전쟁』이라는 소설에서 김옥균에 대해 아주 강렬하게 서술합니다.

"나는 김옥균이 갑신정변이 실패한 뒤 일본에 건너와서 이토 히로부미나 이홍장을 만나려고 불철주야 돌아다닐 것이 아니라, 조선에 있을 때 전봉준을 먼저 찾아갔어야 했다고 생각한다."

이홍장과 이토를 만나서 조선의 장래를 담판할 것이냐? 아니면 그래도 조선에서 가장 큰 힘을 갖고 있는 전봉준과 함께 민족의 장래를 논의할 것이냐? 우리 역사를 잘 모르는 외국인의 섣부른 진단이라고 폄하할 수도 있지만, 여전히 격동하고 있는

순간이 모여 인생을 만든다 ···

동아시아의 현실 속에서 우리가 깊이 반추해야 할 대목입니다.

우리의 역사, 당시의 상황을 제대로 파악하지 못하는 이방인의 시선일지도 모른다. 세상의 많은 일들이 정의감만으로 해결되지는 않는다. 어쩌면 약간의 이기적인 치밀함이 세상을 움직이는지도 모른다. 하지만 갑신정변의 실패에 대해 여러 이유가 있겠지만, 안을 먼저 살펴봤어야 한다. 다른 외부 조건이나 환경을 떠나 내부를 먼저 살펴봤어야 한다. 의미 있음이다.

여기서 한 걸음 더 나아가 한 기자가 이런 질문을 했습니다.
"우리가 이라크와 전쟁했을 때 하나님이 미국 편이었다고 생각합니까?" 오바마는 이 질문을 받자마자, '질문이 잘못됐다.'고 말합니다. 그러면서 하나님이 우리 편인지를 물어서는 안 되며, 우리가 하나님 편에 있는지를 물어야 한다고 대답합니다.

고양한 의도를 가진 질문자를 무색하게 만들어버린 훌륭한 대답이었습니다. 오바마의 이러한 답변은 다양한 인종과 문화적 배경을 가진 이민자들로 구성된 미국 사회에서 사회통합을 이끌어내야 하는 정치 지도자로서는 당연한 대답이기도 하였습니다.

이 글의 소제목이 「민주주의는 시민의 지혜를 요구한다」였던 것 같다. 민주주의는 시민의 지혜를 요구한다. 인생은 개인의 지혜를 요구한다. 그럴듯해 보인다.

삶은 늘 우리에게 지혜를 요구한다. 학교나 사회, 책에서 배워 쌓은 지식이 아닌, 지혜를 요구한다. 어떻게 생각하는지, 어떻게 받아들인 것인지, 무엇을 배웠는지, 그래서 앞으로 어떻게 할 것인지. 머리에 있는 지식이 가슴에 내려올 때까지 질문하고 또 질문한다.

정신없이 바쁘게 돌아가는 세상, 지식만으로 살아갈 수 없다. 예전에 가능했다고 매번 똑같이 적용되는 것도 아니다. 예전에 불가능했다고 해서 여전히 불가능한 것도 아니다. 살아있는 유기체처럼, 세상은 변하고 진화한다. 그렇기에 깨어 있어야 한다. 약간의 변화와 약간의 진화를 감당해내야 한다. 변화도 받아들이고, 진화에도 동참해야 한다.

"우리 모두는 장님처럼 부분적 진리밖에 알지 못하며, 이것을 떠나 따로 진리가 있는 것도 아니다."라고 말하는 것입니다. 이는 우리에게는 부분적 진리만 있으니 모두 겸손해야 한다는 이야기가 아닙니다. 나에게는 내가 만진 것만이 유일한 진리입니다.

그러나 나의 경험과 지식만이 진리가 아니라 다른 사람의 경험과 지식도 진리임을 인정해야 한다는 것입니다. 원효의 개시개비의 핵심은 누구도 앞을 보지 못하는 상태일 수 있으니 절대적인 진리란 없다는 것입니다. 그러므로 다른 사람도 옳을 수 있다는 생각, 이것이 곧 화쟁입니다.

누구나 자신에 대한 믿음과 확신으로 살아간다. 만약 그런 믿음이

나 확신이 없다면 삶은 흔들리고 위태로울 것이다. 누군가의 말이나, 행동을 좇아 살아갈 수는 없다. 절대적으로 스스로를 신뢰하며 믿는 마음으로 살아가야 한다.

다만 거기에 한 가지 더, 배움의 자세. 자신이 알고 있는 것이 전부가 아닐 수 있다는 생각을 할 수 있어야 한다. 그래야만 날마다 새롭게 살아갈 수 있다. 믿음과 확신으로 살아가야 하지만, 배움의 태도로 세상을 받아들일 줄도 알아야 한다.

삶은 하얀 종이에 그림을 그리는 것이지, 완성된 그림의 조각을 맞추는 퍼즐이 아니다. 때로는 받아들이고, 때로는 과감히 버릴 줄도 알아야 한다. 절대성에 근거한 강인함도 필요하지만, 상대성에 근거한 유연함도 필요하다.

유연함. 부드러움이 강함을 이긴다고 했다.
'나는 유연한 사고를 하는 사람인가?'
'절대성에 근거한 강인함만을 좇아가지 않는가?'
'다른 사람의 경험과 지혜 속에서 놓친 것은 없었는가?'

톨스토이는 어떻게 쓸 것인가보다 어떻게 살 것인가에 관해 더 많이 고민했습니다.
이런 고민은 그의 작품 속에 그대로 녹아 있습니다. 그에게는 문학과 사상, 그리고 예술과 교육과 철학이 하나로 융합되어 있다는 이야기입니다. 톨스토이는 '어떻게 살 것인가.'라는 질문에 대한 답을 작품을 통해 보여주게 되는데요, 그 답은 바로 '성장'입니다.

성장이란 인간이 끊임없는 성찰과 학습을 통해 자기완성에 도달하는 과정입니다. 톨스토이는 성장에 대해 "끊임없이 보다 나은 사람이 되어가는 것"이라고 이야기합니다. 인생의 진정한 의미는 바로 여기에 있습니다. 그리고 보다 나은 사람이 되는 것은 노력에 의해서만 가능합니다.

전문가의 말을 빌리면 몰입의 가장 큰 특징은 시간의 흐름을 망각하는 것이라고 합니다. 지금 레빈은 풀베기에 집중해 있기 때문에 시간이 얼마나 흘렀는지조차 모릅니다.

거창한 목적으로 시작한 풀베기가 아닙니다. 레빈은 그냥 풀을 베고 싶었을 뿐입니다.

그런데 풀베기에 몰입할수록, 자아의 밑바닥으로 들어갈수록 그는 이상하게도 자아가 해방되는 경험을 합니다. 의식이 해방되는 것입니다.

톨스토이는 늘 고민했다. 어떻게 쓸 것인가가 아니라 어떻게 살 것인가에 대해. 그리고 해답을 찾았다. 성장과 몰입. 요즘 들어 '성장'이라는 단어가 부쩍 익숙해졌다. 하지만 너무 익숙해진 탓일까. 오히려 존재감은 조금 줄어든 느낌이다.

성장. 그것은 변화이며, 행동이며, 움직임이며 살아있음이다. 생각도 없는, 움직임도 없는, 변화가 없는 상태에서 성장은 이루어지지 않는다. 적어도 변화를 긍정하고, 변화를 위해 생각을 행동으로 옮기는 지점, 절실함과 노력이 만나는 지점, 그 지점에서 성장이 이루어진다.

몰입 또한 마찬가지이다. 레빈이 풀베기에 집중하면서 얼마만큼의 시간이 갔는지 모르는 것, 또 얼마만큼이 지났는지도 모르고, 온전히 푹 빠져드는 것, 그것이 '몰입'이다. 시간의 흐름을 망각하고 온몸을 푹 담근 채, 몰입지점을 통과하고 있을 때 자아는 해방되고 삶은 완전해진다고 톨스토이는 말하고 있다.

성장과 몰입. 어떻게 살 것인가에 대한 대답을 찾지 못해 어려움이 여전하다면 톨스토이의 방식을 받아들여도 괜찮을 것 같다. 스스로에게 질문을 던져보면서 말이다.

나는 더 나은 사람, 더 나은 삶을 위해 성장을 이어가고 있는가?
나는 몰입해서 빠져드는 일이 있는가. 빠져들었던 적이 있었던가?
아니 그 전에, 나는 성장을 원하는가?

고통을 극복하기 위해서는 누구도 자신의 고통을 이해해주지 못한다는 사실을 받아들여야 합니다. 기대할수록 상처는 더욱 커집니다. 고통은 홀로 맞서야만 하는 주관적인 체험입니다. 그렇더라도 고통에 빠진 사람 옆에서 함께 걸어주십시오.
그러면 내가 고통스러울 때 그 사람도 나와 함께 걸어줄 것입니다.
이런 홀로서기와 함께 걷기를 통해서 우리는 고통을 넘어서는 희망을 찾을 수 있습니다.

감사

세상에
당연한 것은 없다

세상에
홀로 존재하는 것은 없다

많아라
세상도 당신이 궁금하다

생애 최고의 날은 아직 살지 않은 날들

- 긍정을 선택하는 힘, 무끼다.

　내게는 상식이지만, 다른 사람에게는 상식이 아닐 수도 있다는, 새로운 상식을 가지는 '열린 마음'이 우리 모두를 발전시키는 태도일 것입니다.

　그 어떤 경우에도 책임의 절반은 자기 자신에게 있다고 생각하고, 고칠 점이 없는지를 먼저 고민하고 고치려고 노력한다면 그 사람은 발전할 수 있고 다시는 같은 실수를 반복하지 않을 수 있을 것입니다.

　이것이 제가 생각하는 '절반의 책임을 믿는 사람', '긍정의 힘을 가진 사람'입니다. 희망적인 것은, 긍정적인 사람은 타고나는 것이 아니라 스스로 마음먹기에 달렸다는 것입니다. '한계를 넓혀 나가려는 삶의 태도'입니다.

　지금 하고 있는 일이 장래에 얼마나 잘 쓰일 수 있을 것인가 하는 것보다 더 중요한 것은, 지금 주어진 일에 얼마나 최선을 다하고 얼마나 열심히 살아가느냐는 생활 태도라고 생각합니다.

어떤 분들은 제가 의과 대학을 나오지 않고 공대 또는 여러분들처럼 경영대를 나왔다면 더 빨리, 더 큰 성공을 했을 거라고 덕담을 해 주시곤 합니다. 그러나 제 스스로는 의과대학을 나왔기 때문에 여기만큼이라도 올 수 있었다고 생각합니다.

삶을 살아가면서 중요한 것은 '무엇을 했느냐.'가 아니라 '어떻게 살았느냐.'인 것 같습니다. 지금의 모습과는 아무런 상관없는 일을 했더라도, 얼마나 치열하게 열심히 살았느냐가 더 중요한 것 같습니다.

안철수. '국회의원'이라는 이름표보다는 '교수'라는 느낌이 여전히 더 강하다. 누군가를 가르치기 이전에 실천했던 사람. 나는 그를 그렇게 기억한다.

안철수는 말한다.

"그 어떤 경우에도 절반의 책임은 자기 자신에게 있다. 절반의 책임을 자신에게 부여할 수 있어야 한다. 긍정의 힘을 믿는 것과 동시에 책임감이 필요하다. '자신의 삶'을 받아들이고, 삶 속에서 어디로 어떻게 나아갈지 스스로 결정하고 스스로에게 책임을 부여해야 한다. 자신이 선택하고 자신이 책임져야 한다."

살아가면서 가장 중요한 것은 '무엇을 했느냐.'가 아니라 '어떻게 했느냐.'라고 말하는 안철수. 그가 지금 당신에게 묻고 있다. 지금까지 어떻게 살아왔는지. 지금까지 어떤 태도로 살아왔는지. 어떤 방식으로 당신의 인생을 만들어왔는지. 당신의 스토리를 묻고 있다.

학창 시절을 지나 이십 대까지는 그랬다. 사실 그때는 '스스로의 의지'보다는 '사회적인 의지'에 의해 움직였던 것 같다. '위해서'가 아니라 '해야 하는 분위기'였다고나 할까. 그래서일까. '어떻게 했느냐.' 이전에 '무엇을 했느냐.'에서부터 막막하다.

무엇을 했었는지 떠오르는 것이 없다. 공부를 열심히 해야 하는 학생 신분이었지만, 그리 열심히 한 것 같지는 않다. 그렇다면 청춘이라는 이름표에 걸맞은 열정이 있어야 했는데, 열정은 고사하고, 방황과 의문투성이의 날들이었다. 무엇을 하면서 보낸 것 같기는 한데, 무엇을 했는지 잘 모르겠다.

물론 그런 경험 역시 의미 있는 시간들이었지만, 버나드 쇼의 명언처럼 "젊음은 젊은이에게 주기엔 너무 아깝다."를 증명하면서 보냈다는 느낌이 더 크다. 불안한 이유를 설명하기에 바빴던, 조금 더 덤벼보지 못한 시간들, 그런 아쉬움을 가슴에 꼭꼭 숨긴 채, 삼십 대를 맞이했다.

삼십 대, 삶의 전환기였다. 가장 큰 변화가 생겨났다. 부모님의 그늘이 아닌, 새로운 터전에서 새로운 사람과 새로운 삶을 시작했다. 낯설고 새로운 곳으로, 어떠한 교육이나 배움도 없이 현장에 투입되었다. 책임감이 그토록 무거운 것이었는지. 그때는 몰랐다.

부모가 되는 것에 대해, 아내가 무엇인지에 대해 전혀 교육받지 않은 초보가 '인생'이라는 전쟁터에서 선두가 된 것이다. 조금 설레고, 조금 답답하고, 조금 행복하고, 조금 도망가고 싶은. '잘 선택했다.' 라는 안도감과 '차라리'라는 후회가 교차하는 날들의 연속이었다.

약간의 어리둥절함과 복잡함이 차곡차곡 쌓여진 시간들. 명확하지는 않지만, 무엇을 하기는 한 것 같다. 새로운 선택에 대한 노력들, 예상하지 못한 일들과 그것을 견디며 보낸 시간들. 가슴 터질 것 같은 기쁨과 가슴이 미어질 것 같은 답답함을 함께 선물받은 날들. 나는 삼십 대를 그렇게 기억한다.

그리고 올해 42살. 학창 시절, 마흔이 나를 찾아올 거라고 상상하지 못했다. 그랬는데, 벌써 그 마흔도 지나버렸다. 다행히 학창 시절이나 이십 대의 방황으로부터는 조금 자유로워진 느낌이다. 삼십 대를 진입할 때와 같은 갑작스러운 환경변화도 없는 것 같다.

조금 더 분명해지고, 조금 더 차분해진 느낌이다. 42살. 약간의 여유로움도 보이는 것 같다. 이제 약간 감을 잡았다고나 할까. '어떻게 했느냐.'라는 질문이 왜 중요한지 이제 조금 알 것 같다.

살아오면서 많은 사람을 만났다. 아니, 많은 인생을 만났다. 누군가 말했다. 한 사람을 만나면 '한 사람'이 오는 것이 아니라 '또 하나의 인생'이 오는 것이다. 그러면서 깨달았다. 나만 전쟁터의 맨 앞줄에 서 있었던 것이 아니었구나.

그들도 그랬다. 다들 그렇게 살고 있었다. 아프지 않은 사람, 힘들지 않은 사람이 없었다. "혼자이지 않은 사람은 없다."라는 시인의 글처럼, 모두 그렇게 견뎌온 것이다.

희망의 끈을 놓지 않으면서, 기도하듯 삶을 붙들고 있었다. 어려움이 찾아왔을 때, 행운의 여신이 지나쳐 간 것을 원망하는 것이 아니라 원인과 결과에 집중하면서 버틴 것이다. 좋은 날이 오겠지, 아픈 만큼 성장하겠지, 이 또한 지나가겠지, 내 꽃도 한 번은 피겠지. 그렇게 살아온 것이다. 사랑할 수밖에 없었다. 그들을, 그들의 인생을.

나는 긍정한다. 긍정을 선택하는 당신은 무죄다. 생애 최고의 날은 아직 오지 않은 날들이라고 말하는 당신은 무죄다. 언젠가 꽃이 필 것이라고 믿는 당신은 무죄다. 당신의 삶은 무죄다.

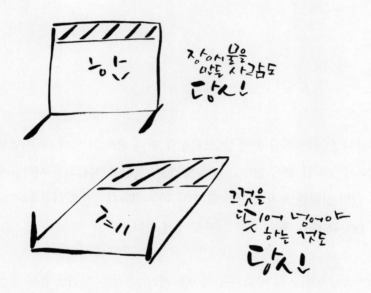

독서는 절대 나를 배신하지 않는다

- 책 속에 길이 있다.

　이지성 작가의 책 중에 『독서천재가 된 홍대리』가 있다. 독서입문서로서 그만한 책이 없다고 여겨질 만큼, 독서를 시작하는 사람들에게 권해 실패를 보지 않았던 책이다. 이번 『독서는 절대 나를 배신하지 않는다』라는 책, 비슷한 느낌을 갖게 한다.

　스토리 형식으로 '마치 자신의 이야기인 것 같은' 느낌이 들어 읽는 내내 편안했다. 독서는 절대 나를 배신하지 않는다. 공감이 간다. 언제부터 책을 가까이 했는지, 언제부터 '책 속에 길이 있다.'라는 확신을 가졌는지 기억나지는 않지만, 분명 책은 축복이고 선물이다.

　독서. 그물에 걸리지 않는 바람처럼, 늘 곁을 지켜주는 든든함이다. 빽빽하게 쌓여있는 감정의 연결선을 냉정하게 잘라 '자유로움'이라는 날개를 달아주기도 하고, 내 것이 아니었던 것들과의 작별의식에도 함께 동참해준다.

독서. 친구이고, 연인이고, 스승이었다. 그리고 언제부터인가 새로운 마음이 싹트기 시작했다. 함께하면 더 좋겠다. 함께 나누면 더 좋겠다. 혼자만 간직하기엔 너무 아깝다. 같이 나눌 수 있으면 좋겠다. 물론 처음에는 익숙하지 않겠지만, 분명 그들도 알게 될 것이다. '책 속에 길이 있다.'라는 것을.

독서. 어떤 사람에겐 도피처, 또 다른 사람에게는 친구가 될 수 있다. 우스갯소리로 "왜 비싼 돈을 주고 사서 고생을 하느냐."고 말하기도 하지만 그럴 때마다 나는 말해준다. 책 속에 길이 있다. 나아가 책 제목처럼 "독서는 절대 배신하지 않는다."라고.

물론 그런 경우는 있다. 책을 다 읽었는데, 남는 것이 없는 느낌, 다 아는 내용인데 괜히 시간 낭비한 느낌. 그런 느낌이 들 때면 이 말을 떠올려 봐도 좋을 것 같다. 책은 겸손한 독자에게 진심을 보여준다. 이미 아는 내용이거나 식상하고 재미없을 수도 있다. 그러나 "도둑에게도 배울 것이 있다."라는 말처럼, 분명 그 책 속에서 배울 점이 한 가지는 존재할 것이다.

독서를 통해 '한 가지'라도 얻을 수 있다면 성공이다. 한 가지 배움이 한 가지 익힘으로만 나아갈 수 있다면 성공이다. 한 가지 배움이 당신의 삶을 살피는 데 쓰이기만 해도 성공이다. 한 가지 익힘이 아니어도, 하다못해 마음의 불씨를 살리는 데 쓰이기만 해도 성공이다.

'지금이 아니면 과연 언제 시작할 것인가.' 하는 마음으로 독서를 시작했으면 좋겠다. 책은 하나의 세상이며 독서는 위대한 여행이다. 새로운 세상과 만나는 위대한 일, 위대함을 당신의 손끝에서 만나는 순간이다. 그러나 당신이 책장을 넘기지 않는 한, 그것을 만날 수 있는 방법은 없다. 당신의 손으로, 당신이 직접 넘겨야 한다.

내 생각과 비슷한 생각이 담겼든 전혀 다른 생각을 다루고 있든 더 많은 책을 읽음으로써 내 자신의 모습이 점차 뚜렷해진다. 책에 담긴 생각들이 나를 비춰주는 거울 역할을 하기 때문이다.

그러는 동안 내게 주어진 일만 하면서 그것과 관계된 생각만 하던 사람이 전혀 다른 방향으로 생각을 뻗어나갈 수 있게 된다. 내가 지금까지 생각하던 방식과 다르다면 어떻게 다른지 점검하며 반성하고, 그 속에서 배울 것은 없는지 탐구할 수 있다.

그리고 설령 모든 것을 이해할 수는 없더라도 나와 다른 생각과 삶의 모습이 있다는 사실을 깨닫게 된다. 이렇게 내가 어떤 인간인지를 재발견하고 더 나은 모습으로 바꿔 가는 동안 궁극적으로는 나를 어제보다 더 나은 사람으로 만들 수 있으며, 내 삶의 지향점과 진정으로 이루고 싶은 꿈을 선명하게 그려 나갈 수 있다.

만약 책을 읽지 않고 내가 직접 경험한 것을 통해 성장하고자 한다면 평생을 바친다 해도 이룰 수 없는 일이다. 한 가지 주의할 점은 그만큼 다양한 책을 읽어야 한다는 것이다. 내 생각과 비슷한 책만 골라 읽는 사람들이 있는데 굉장히 위험한 독서법이다.

이런 독서는 생각을 넓히는 것이 아니라 오히려 좁게 만들고 자신을 편협한 인간으로 만든다. 물론 내가 좋아하고 흥미를 가진 분야의 책을 찾아 읽으며 나와 연결점을 이어 나가는 것은 중요하지만 정반대의 지점에 서 있는 생각들을 살펴보면서 균형감을 찾아야 한다. 어떤 책을 읽고 무엇을 얻을 수 있을지 그것은 아무도 모른다.

기대만큼의 무언가를 얻을 수도 있고 기대를 배반하는 전혀 새로운 것이 있을 수도 있다. 그러나 처음부터 이 책에서는 배울 게 별로 없을 것이라는 선입견으로 스스로의 독서를 가로막지 않아야 한다. 잊지 말아야 할 것은 이 책이 나에게 어떤 선물을 가져다줄지 설레는 마음으로 책을 펼치는 것뿐이다.

책에 "독서가 삶의 기준을 찾아갈 수 있게 도와준다."라는 말이 나온다. 옳은 말이다. 책을 읽다 보면, '이 사람은 나와 비슷하네.'부터 '어떻게 이런 생각을 했지?' 혹은 '왜 이런 생각을 했을까?' 나아가 '나는 왜 이런 생각을 못 했을까?'까지. 수많은 물음표가 생겨난다.

하지만 조금의 시간이 지나고 나면 상황은 변하기 시작한다. 아니, 제자리를 찾아간다고 해야 하나. 나도 그렇게, 나는 절대, 그래도 그 정도까지는. 수많은 물음표가 하나, 둘 느낌표나 마침표, 혹은 쉼표로 각자의 여행길에 오른다.

이렇게 살고 싶다, 저렇게 하고 싶다, 이렇게 해야겠다, 이쯤에서. 물론 이렇게 감정이 정리되고, 생각이 자리를 찾아가는 동안에도 책은 말이 없다. 오히려 뒷짐 지고 물러난 느낌이다. 마치 아무 관심이 없는 것처럼 말이다.

그러나 이제는 말할 수 있다. 관심이 없었던 것이 아니라 지켜보고 있었다는 것을, 뒷짐을 지고 물러난 것이 아니라 돌아올 때까지 기다리고 있었다는 것을, 그래서 '책 속에 길이 있다.'는 말이 진짜라는 것을, 이제는 말할 수 있다.

어디에도 정답은 없다. 책도 마찬가지다. 이것이 절대적인 진리라고 말하는 책, 이렇게 살면 행복해질 거라 설파하는 책들도 분명 존재하지만 길게 보면 어리석은 확신에 불과하다.

지성의 발전에 따라 모든 진리는 상대적으로 평가될 수밖에 없고, 인생을 사는 법도 사람에 따라 천차만별이라 누구나 동의할 수 있는 단 하나의 행복한 삶을 정의하기란 쉽지 않다. 그럼에도 내가 감히 책을 읽으면 우리가 좀 더 지혜롭게, 후회 없이 살 수 있다고 말할 수 있는 것은 독서로 '기준'을 찾아갈 수 있기 때문이다.

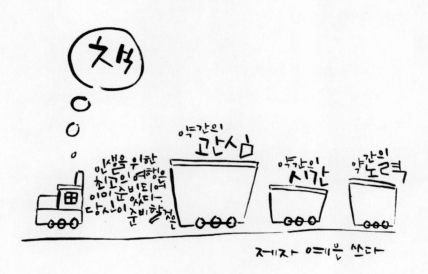

끝까지 하는 힘

- 이길 수 있는 게임으로 승부를 벌여라.

미래를 준비하고 생각하고 계획했던 것을 과감히 행동으로 옮기는 사람이 있는가 하면, 마치 머물 항구를 정하지 못하고 바다 한가운데 표류하는 배처럼 위태로운 시절을 보내는 사람도 있다. 눈을 감고 생각해보라. 당신은 전자인가, 후자인가.

만일 전자라면 자신의 10년 후, 20년 후, 50년 후의 모습을 상상하며 흐뭇한 미소를 지을 것이다. 그러나 후자일 경우 미간에 깊은 주름이 잡히고 앞으로 닥쳐올 인생이 두렵고 아찔할 것이다.

지금은 참으로 중요하다. 성공에 눈을 뜨고 꿈을 향해 전진하고 성취를 맛볼 시기다. 그러기 위해선 행동 하나, 말 한마디에 당위성이 있어야 하며 확신을 갖춰야 한다. 막연함과 모호함으로 타인을 따라 하거나 흉내를 내는 건 곤란하다.

남들이 공무원 시험 준비를 하니까 맘에도 없고 자신도 없으면서 책상에 앉아 있거나, 남들이 영어회화 학원에 다니니까 덩달아 졸린 눈으로 새벽반에 자리만 채우고 있거나, 경쟁자가 보니까 읽지도 않으면서 서점에서 자기계발서를 뒤적거리고 있지는 않은지 한번쯤 자신을 되돌아보고 점검해보자.

항해를 시작하자마자 묻는다. 졸린 눈으로 이유 없이 새벽에 일어나 자리만 채우고 있는 건 아닌지. 경쟁자가 보니까 읽지도 않으면서 책만 뒤적이는 건 아닌지. 끝까지 하는 힘 이전에 무엇을 끝까지 하고 싶은지, 묻고 있다.

끈기. 예전에는 그런 생각을 했었다. 나는 끈기가 부족하다. 뒷심이 부족하다. 흔한 말로, 용두사미의 대표선수 같았다. 좀 더 냉정하게 표현하면, 끝까지 하는 힘이 부족했었다. 부산스러운 시작만 있을 뿐, 아름다운 마무리가 없었다.

완벽함이 아닌 '아름다움'이라고 표현하는 끝까지 해내는 힘. 그것이 부족했다. 그러면서 점점 작아졌다. '끝까지 할 수 없었던 이유'를 찾아보기도 했지만 핑계에 불과했던 것 같다. 간절하지 않았고 절실하지 않았다. 그리고 무엇보다 끝까지 하는 힘이 부족했다.

그런데 어느 날부터, 의문이 생겨나기 시작했다. 왜 끝까지 하지 못했을까. 곰곰이 생각해보면 요란스럽게 시작한 일들. 부산스럽게 시작한 것들. 그것에는 공통점이 있었다. 왜 해야 하는지를 떠나 많은 사람이 시작했고, 많은 사람이 '좋다'고 말했던 것들. "이것을 하면 좋아진다."라고 입을 모아 말했던 것들. 나는 그것을 좇고 있었다.

'안전한 선택'이 '최고의 선택'이라는 말을 믿었던 이유일까. 많은 사람이 하니까 맞을 거라고 생각했던 것 같다. 의심 없이 따라갔다. 좋아하는 것인지, 잘할 수 있는 것인지 스스로 질문 한번 던져보지 않았다.

그러다 보니 늘 바빴다. 스스로를 연구해서 시작한 게 아니라 통계적 수치를 신뢰하다 보니, 통계에 웃고 통계에 우는 날들의 연속이었다. 게임의 룰도 모르면서, 조급한 마음에 주사위를 던져보다가. 그것이 지루해질 때쯤이면 아무 말 없이 빠져나왔다. '이건 맞지 않아.'라고 위로하듯 속삭이면서.

하지만 그렇게 빠져나오는 날들이 늘어나면서 궁금함도 늘어났다. 왜 아름다운 마무리가 되지 못할까? 왜 그럴까? 왜 끝까지 하지 못할까? 잘하는 것이 없는 게 아닐까? 시작은 하지만 끝까지 못 하는 이유는 도대체 무엇일까? 수많은 시도 때문이었을까. 질문도 진화하기 시작했다.

위대하고 성공적인 삶을 사는 사람들. 그들은 어떻게 거기까지 갔을까? 그들은 끝까지 하는 게 쉬웠을까? 그들은 어떤 힘을 가지고 있는 걸까? 그들과 나의 차이점은 무엇일까? 그들은 시도할 때 무엇을 기준으로 삼았을까? 그들은 어디에서 배웠을까?

혹시 '다른 사람들이 하는 것'이 아니라 '내가 좋아하는 것'을 선택한다면, 어떻게 될까? 만약 좋아하는 것이라면, 힘들어도 즐길 수 있는 것이라면 혹시 끝까지 하지 않을까? 어쩌면 나에게 문제가 있었던 것이 아니라 과제, 즉 '선택'에 문제가 있었던 것은 아니었을까?

꼬리에 꼬리를 이어가던 바로 그때, 잘 익은 알밤 하나가 날아들었다. 그래, 그것이었다. '좋아 보이는 것'이 아니라 '좋아하는 것'을 선택했다면 결과는 달라지지 않았을까? 좋다고 말하는 것이 아니라, 내가 좋아서 하는 것이라면 혹시 달라지지 않았을까? 잘하는 것까지는 못 되어도, 좋아하는 방향에 있는 것이었다면 결과는 달라지지 않았을까?

생각이 여기에 이르자 갑자기 심장이 두근거리기 시작했다. 분홍빛이 뺨 전체로 퍼져나가면서 가슴이 뛰기 시작했다. 마음이 설레기 시작했다. 궁금해졌다. 내가 무엇을 좋아했는지, 그리고 좋아하는지, 어떤 것을 할 때 행복해하는지, 어떤 사람을 닮고 싶어 하는지. 어떤 태도를 부러워하는지, 인생에서 무엇을 남기고 싶어하는지.

질문하고, 또 질문했다. 질문하고 대답하고, 질문하고 대답했다. 붉은 노을이 하늘을 다 채우는 것도 모자라 까만 크레용으로 색칠할 때까지 질문은 이어졌다. 우아한 자태를 뽐내며 지붕 위에 올라선 닭

이 목청을 가다듬는 동안에도 대화는 계속됐다.

그래, 원하는 것, 좋아하는 것으로 한번 해보자. 제대로 된 시작을 해보자. 출전하고 싶은 종목에 도전해보자. '누가 좋다고 말하는 것' 말고 '내가 할 수 있는 것'으로 시도해보자. 지금껏 '남의 옷'을 빌려 입고 소풍갔다면, 이번에는 '나의 옷'으로 소풍을 가보자.

승산이 없어보이지는 않는다. 무엇보다 '남의 것'이 아닌, '나의 것'이니 어색하지 않았다. '닳으면 어떻게 하지?'라는 두려움도 없다. 다른 사람에게 괜찮은지 묻지 말자. 나의 옷으로, 나의 스타일로, 나만의 소풍을 만들어내는 것에 집중하자.

할 수 있다. 하면 된다. 시도할 가치는 충분하다. 한 번뿐인 인생인데, 마윈도 '인생은 경험'이라는데, 너무 두려워하지 말자. 경험이라고 생각하면 두려울 이유가 없다. 다시 시작해보자.

성공의 비결은 한 번 정한 목표를 바꾸지 않는 데 있다. 많은 사람들이 성공하지 못한 이유는 성공의 길이 험난해서가 아니다. 목표를 향해 꿋꿋이 나아가지 못하기 때문이다.

낙숫물이 섬돌을 뚫는 것은 물의 힘이 아니라 꾸준한 끈기의 결과이다.

– 벤저민 디즈레일리

끝까지 하는 힘. 방향은 비슷한 것 같다. 선수가 시합을 나갈 때, 자신이 잘할 수 있는 종목을 선택한다. 자신이 가장 잘할 수 있는 종목에 출전하는 것, 가장 현명한 방법이다.

우리는 '인생'이라는 경기장에 들어와 있다. 결승점이 어딘가에 있겠지만, 아직 눈으로 확인되지는 않는다. 그러나 결승점이 보이는 순간에도 달려야 하는 마라토너처럼, 우리는 달려야 한다. 나아가야 한다. "결승점이 보인다, 혹은 보이지 않는다."라는 주변의 아우성에도 우리는 달려야 한다.

결승점이 보이지 않는다고 조급해지지 말자. 제대로 된 출발이었다면 충분히 승산 있는 경기이다. 자기 자신에게서 나온 것인지, 아닌지. 그것만 놓치지 않으면 된다. 계속 달리자. 달리는 것이 어렵다면, 걷기라도 하자. 멈추지 말고, 계속 걸어가자. 멈추지만 않는다면, 결국에는 도달할 것이다.

끝 끝까지
가 보고 싶은
종목을 발견하라

꾸 올림픽에
출전을 앞둔
선수처럼
매일 땀 흘려라

끈기 결승점이 보이는
그 순간에도 달려라
끈기란 결국 과정이다

봄 · 여름 · 가을 · 겨울 · 그리고 봄..

군주론

- 네 인생의 주인이 되어라. 자신의 역량을 키워라.

마키아벨리의 『군주론』

군주론은 세습군주이든 신생군주이든 군주가 영토나 국가, 영역을 다스리기 위한 올바른 방법을 마키아벨리의 경험과 관점에서 정리한 책이다. 그래서 평범한 사람이 군주가 되기 위한 방법이라기보다는 군주가 된 사람에게 '군주국을 잘 다스리기 위한 방법'을 알려주는 '제왕의 정치학'이라고 할 수 있다.

그래서일까. 군주론을 읽는다고 하니, 누가 그런 말을 했다. "정치에 입문하실 생각이냐?"라고. 우스갯소리라며 넘겼지만, 정치에 관심 있는 사람들 사이에는 필독서로 통하는 모양이다.

군주론. 마키아벨리는 군주론에서 군주의 역량을 강조한다. 운이나 다른 것에 기대는 것이 아닌, 스스로의 역량을 지닌 군주를 강조한다.

이길 수 없는 상황이라면 비길 수 있는 상황을 만들어낼 줄 아는 군주. 피해를 입어야 한다면 피해를 최소화할 수 있는 군주. 사태를 정확하게 바라보고 문제를 해결할 수 있는 군주. 그런 군주에 의한 강력한 자국 군대를 가진 군주. 마키아벨리가 희망하는 '군주'였다.

그러면서 마키아벨리는 강조한다. 군주는 이상적인 모습과 함께 현실적인 유연성이 필요하다. 복잡하게 얽힌 관계 속에서 '의미 있는 해석'을 통해 귀족, 인민을 모두 다스릴 수 있어야 하기에, 때로는 사자, 때로는 여우가 될 수 있어야 한다. 군주에게 그런 유연함이 필요하다.

군주는 짐승의 방법을 잘 이용할 줄 알아야 하는데, 그중에서도 여우와 사자를 모방해야 합니다. 왜냐하면 사자는 함정에 빠지기 쉽고 여우는 늑대를 물리칠 수 없기 때문입니다. 따라서 함정을 알아차리기 위해서는 여우가 되어야 하고, 늑대를 혼내주려면 사자가 되어야 합니다.

단순히 사자의 방식에만 의지하는 자는 이 사태를 제대로 이해하지 못합니다. 따라서 현명한 군주는 신의를 지키는 것이 그에게 불리할 때 그리고 약속을 맺은 이유가 소멸되었을 때, 약속을 지킬 수 없으면 또 지켜서는 안 됩니다.

이 조언은 모든 인간이 선하다면 온당하지 못할 것입니다. 그러나 인간이란 사악하고 당신과 맺은 약속을 지키려고 하지 않기 때문에 당신 자신이 그들과 맺은 약속에 구속되어서는 안 됩니다.

게다가 군주는 약속을 지키지 못하는 그럴듯한 이유를 항상 둘러댈 수 있습니다. 여우의 방식을 모방하는 법을 가장 잘 아는 자들이 가장 큰 성공을 거두었습니다. 그러나 여우다운 기질을 잘 위장해서 숨기는 방법을 잘 아는 것이 필요합니다. 능숙한 기만자이며 위장자가 되어야 합니다.

그렇기에 군주는 위에서 언급한 모든 성품을 실제로 갖출 필요는 없지만, 갖춘 것처럼 보이는 것은 반드시 필요합니다. 심지어 저는 군주가 그러한 성품을 갖추고 늘 실천에 옮기는 것은 해로운 반면에, 갖춘 것처럼 보이는 것은 유용하다고까지 감히 장담하겠습니다.

군주는 사자의 용맹함과 여우의 영리함을 함께 지니고 있어야 한다. 때로는 무서운 사자처럼, 때로는 영리한 여우처럼. 있어도 없는 것처럼, 없어도 있는 것처럼. 군주는 그렇게 자유롭게 옷을 갈아입을 수 있어야 한다.

그러면서 마키아벨리는 당부를 아끼지 않는다. 군주는 두려움의 대상이 되더라도 미움은 받지 않아야 한다. 명분 있는 행동을 하여 미움받지 않아야 한다. 즉, 필요한 행동으로 인해 두려움의 대상이 되더라도 증오의 대상은 되어서는 안 된다는 것이다. 이것이 마키아벨리가 생각하는 군주였다.

군주는 참소를 믿고 사람들에게 적대적인 행동을 취할 때에는 신중해야 합니다. 그렇다고 해서 너무 우유부단해서도 안 됩니다. 군주는 적절하게 신중하고 자애롭게 행동해야 하며, 지나친 자신감으로 인해 경솔하게 처신하거나 의심이 너무 많아 주위 사람들이 견디기 어려워하는 일이 없도록 해야 합니다.

그런데 사랑을 느끼게 하는 것과 두려움을 느끼게 하는 것 중에서 어느 편이 더 나은가에 대해서는 논쟁이 있었습니다. 제 견해는 사랑도 느끼게 하고 동시에 두려움도 느끼게 하는 것이 바람직하다는 것입니다. 그러나 동시에 둘 다 얻는 것이 어렵기 때문에 어느 하나를 포기해야 한다면 저는 사랑을 느끼게 하는 것보다는 두려움을 느끼게 하는 것이 훨씬 더 안전하다고 생각합니다.

인간은 두려움을 불러일으키는 자보다 사랑을 베푸는 자를 해칠 때에 덜 주저합니다. 왜냐하면 사랑이란 일종의 감사의 관계에 의해서 유지되는데, 인간은 악하기 때문에 자신의 이익을 취할 기회가 생기면 언제나 그 감사의 상호관계를 팽개쳐버리기 때문입니다.

그러나 두려움은 항상 효과적인 처벌에 대한 공포로써 유지되며, 실패하는 경우가 결코 없습니다. 그럼에도 불구하고 현명한 군주는 자신을 두려운 존재로 만들되, 비록 사랑을 받지는 못하더라도, 미움을 받는 일은 피하도록 해야 합니다.

미움을 받지 않으면서도 두려움을 느끼게 하는 것은 얼마든지 가능하기 때문입니다. 그리고 이는 군주가 시민과 신민들의 재산과 그들의 부녀자들에게 손대는 일을 삼가면 항상 성취될 수 있습니다.

만약 누군가의 처형이 필요하더라도, 적절한 명분과 명백한 이유가 있을 때로 국한해야 합니다. 그러나 무엇보다도 그는 타인의 재산에 손을 대어서는 안 됩니다. 왜냐하면 인간이란 어버이의 죽음은 잊어도 재산의 상실은 좀처럼 잊지 못하기 때문입니다. 게다가 재산을 몰수할 명분은 항상 있게 마련입니다.

하나가 아닌 다수의 관계 속에서 정치적인 상황을 고려하여 군주국을 다스려야 하는 것이 군주이다. 그래서 군주는 모두를 만족시킬 수 있는 방법이 없다면, 최상의 방법과 최적의 조합을 찾아야 한다.

최고의 방법이 아니라면 최선의 방법이라도 제시할 수 있어야 한다. 군주의 역량은 거기에서 드러난다. '두려움의 대상이 되는 선택'도 필요하다면 할 수 있어야 한다. 군주는 그래야 한다. 선함보다는 영리함을 강조하고, 사악함이나 두려움조차 정당한 것처럼 느껴지기도 하지만 만약 그것이 최선의 선택이라면, 군주는 선택하고 실행할 수 있어야 한다.

이것이 강력한 조국을 염원한 마키아벨리의 관점이었다.

따라서 자신들이 오랫동안 다스리던 국가들을 잃게 된 우리 시대의 군주들은 운명을 탓할 것이 아니라 자신의 무능함을 탓해야 할 것입니다. 왜냐하면 평화의 시대에 그들은 사태가 변할 거라고는 결코 생각하지 않았기 때문입니다(날씨가 좋을 때 폭풍을 예상하지 않는 것은 인간의 공통된 약점입니다).

그러다가 상황이 바뀌어 역경에 처하면, 그들은 방어할 생각은 하지 않고 오직 도망갈 궁리만 했습니다. 사람은 누군가가 자기를 일으켜 세워줄 것이라고 기대하고 넘어져서는 안 됩니다. 그러한 일이 일어나건 일어나지 않건 이러한 책략은 당신의 안전을 도모해주지 못합니다.

게다가 그러한 방어책은 당신의 능력 밖에 있는 것에 의존하기 때문에, 취약하고 비겁한 것입니다. 당신의 주도하에 있고 당신의 역량에 기초한 방어책만이 효과적이고 확실하며 영구적입니다.

마키아벨리는 군주론을 통해 '역량'을 소개하면서 운명이나 운에 의지하지 않는 용맹함과 영리함을 강조한다. 그러면서 당신에게 질문한다. 당신도 당신의 주도하에 있고, 당신의 역량에 기초한 방어책이 있는지, 혹시 누군가를 기대하고 넘어져있지는 않은지.

당신의 인생은 누가 대신 살아주지 않는다. 당신의 왕국, 오로지 당신의 힘으로, 당신이 일으켜 세워야 한다. 가끔 누군가 일으켜 세워 주기를 희망할 수도 있겠지만 이미 당신은 알고 있다. 당신이 당신의 짐을 짊어져야 한다는 것을, 당신의 인생은 당신이 책임져야 한다는 것을.

홀로 서 있을 수 있는 사람이 함께 서 있을 수 있다. 당신의 역량에 대해 생각해보라. 당신의 역량에 근거한 방어책이 있는지도 생각해보라. 만약 어떠한 방어책도 없다면 지금부터라도 준비해야 한다. 그리고 준비된 방어책이 있다면, 계속 지켜나가야 한다.

"하늘은 스스로 돕는 자를 돕는다."라는 말은 동서양 불문율이다. 행운의 여신이 지나가는 모든 사람에게 눈길을 줄 만큼 한가하지는 않다. 하늘이 감동할 만큼, 행운의 여신이 가던 길을 멈추고 뒤돌아볼 만큼, 준비하고, 지켜내라. 아니, 그래야만 한다. 당신의 인생, '당신의 것'으로 지켜나가야 한다.

역량
이미 지니고 있는 것.
그리고 아직
발견하지 못한 것.

천 개의 성공을 위한 작은 행동의 힘

- 끈기가 있어서 끝까지 하는 게 아니라
끝까지 하니까 끈기가 생긴다.

우선 아래 질문에 답해보라.

당신은 버킷리스트를 작성해 본 적 있나요? 이루고 싶은 성공이나 목표를 위해 계획을 세워 본 적은요? 그것을 이루기 위해 5년, 3년, 1년의 실행 목록들을 적어봤나요?

그리고 어떻게 되었나요? 그 모든 것을 실천할 수 있었나요?

어쩌면 너무 많은, 수없이 많은 해야 할 일들의 목록을 보며 지레 포기해 버리진 않았나요? 일반적인 경우라면 분명 '그렇다.'고 답할 것이다. 그러나 실망하지 않기 바란다. 당신은 지극히 정상이니까.

당신은 실패자도, 중도포기자도, 의지력 약한 계획중독자도 아니다. 우리는 앞으

순간이 모여 인생을 만든다 • • •

로 이 책에서, 지금까지 당신이 알고 있는 것과 다른 제안을 하고자 한다. 그 제안들은 결연한 결심이나, 비장한 각오 따위는 요구하지 않을 것이다.

오히려 지금 당장 시도할 수 있는 가장 가벼운 행동이 무엇인지 끊임없이 물을 것이다. 조사와 분석, 철저한 준비와 대비책을 마련하는 데 시간을 보내지 말 것을 요구하면서 말이다.

이 형편없는 직장을 그만두면, 이기적인 연인과 헤어지면, 좀 더 활기찬 도시로 이사하면 비로소 여유를 찾아 인생을 즐길 수 있을 거야. 돈을 좀 더 벌고 나면, 살을 좀 더 빼고 나면, 사랑하는 사람을 만나게 되면, 내 상황이 좀 더 당당해지면 현재의 불행이 사라질 거야.

보이는가?
당신은 현재의 문제가 해결되지 않는 한, '즐거움은 없다.'는 것을 전제로 둔 것이다.

가끔 그런 생각을 한다. '지금의 상황만 피하고 나면, 지금의 일만 해결되고 나면 모든 것이 괜찮아질 텐데.' 어떻게 하면 좋을까보다 '왜 이런 일이 나에게' 하며 현실을 외면하고 싶어진다. 그저 얼른 지나갔으면 좋겠다는 마음으로.

하지만 우리는 알고 있다. 이 문제만, 이 상황만 지나고 나면 모든 것이 해결될 것 같지만 현실은 그렇지 않다는 것을. '이것만 피했

으면' 하는 또 다른 일이 우리를 기다리고 있다는 것을. 우리는 알고
있다.

괴롭히는 상사를 떠나 직장만 그만두고 나면 모두 괜찮아질까? 이
기적인 연인과 헤어지고 나면 모두 괜찮아질까? 새로운 곳으로 이사
를 하고 나면 모두 괜찮아질까? 돈을 조금 더 벌고, 살을 조금 더 빼
고 나면 정말 모든 것이 괜찮아질까? 당당해지고, 보다 나은 사람이
될 수 있을까? 지금의 문제만 해결되고 나면 모든 것이 정말 괜찮아
질까?

아니다. 우리 조금만 냉정해지자. 연필을 쓰다가 볼펜으로 바꾸고,
볼펜을 쓰다가 만년필로 바꾸고, 만년필을 쓰다가 붓으로 바꾼다고.
글씨체가 바뀔까? 황금 붓으로 글씨를 쓰면 황금체가 완성될까?

아니다. 그런 일은 일어나지 않는다. 도구를 바꾼다고 해결될 문제
가 아니다. 만약 그렇다면 '악필'이라는 단어는 이미 사전에서 사라졌
을 것이다. 변해야 하는 것은 글씨체다. 더 명확하게 설명하면 글씨
를 쓰는 사람, '사람'이 바뀌어야 한다.

글씨체 이전에, 이것은 글씨. 본질의 문제이다.

삶을 즐거운 순간들로 채우려면 어떻게 해야 할까? 살아있음을 느끼며 감사하고
호기심으로 가득한 열정을 갖기 위해서 말이다. 먼저 자신의 감정 패턴을 살펴야 한

다. 그중 한 가지 도구는 일기다.

일기를 쓰는 것은 자신의 감정을 알고 일상을 관리하는 데 많은 도움을 준다. 일기는 굳이 구체적으로 쓸 필요가 없다. 그저 일상에서 관찰한 것들을 몇 분 동안만 기록해도 분명 도움이 된다.

누군가 본질의 측면에서 자신을 변화시키는 방법을 물어온다면, 나는 일기쓰기를 권한다. 블로그도 좋고, SNS도 좋고, 속마음을 드러낼 곳이 많아졌지만 일기를 써보라고 권한다. 하루의 단 몇 분만이라도. 관찰자가 되어 자신의 삶을 들여다보는 시간을 가지라고 말한다.

이십 대, 열정이 가득한 그때, 직장생활을 하면서 어려움이 있었다. 어떻게 표현하면 좋을까. 관계에 대한 이해가 부족했던 것인지, 소통하는 방법을 몰랐던 것인지 어려웠다. 주위 사람들은 문제없어 보이는데, 혼자 전전긍긍하는 모습에 스스로에게 더 답답함을 느꼈었다.

까다로운 사람들의 모습에 대해 어떻게 행동해야 하는지, 어떻게 해석해야 하는지 판단이 서지 않았다. 업무가 아닌, '관계의 어려움'이 발목을 잡았다. 누구 얘기처럼 '이곳만 그만두면'이라는 생각을 하루에도 몇 번씩 했다. 하지만 용기 있게 그만두지 못했고, 속마음을 꼭꼭 숨긴 채 그렇게 지냈었다.

바로 그 시절, 속마음을 털어놓았던 유일한 친구가 바로 '일기'였다. 물론 전부터 써오던 일기였지만, 속마음을 털어내는 데 정말 이만한 친구가 없었다. 다른 사람에게는 감히 뱉어볼 수 없는 말도 이 친구에게는 할 수 있었다. 말도 안 되는 행동이라며, 상사가 된 것처럼, 조목조목 따지고 들었다. 속이 풀릴 때까지.

　그렇게 견디며 지나왔다. 그 시간들을. 삼십 대를 지나 사십 대가 된 지금도 일기는 여전히 속마음을 나누는 친구이다. 그리고 여전히 강조한다. 일기쓰기에 대해, 그 힘에 대해.

　일기를 쓰면서 나는 깨달았다. 내가 언제 화를 내는지. 무슨 일에 기뻐하는지, 누구와 함께 있을 때 즐거워하는지, 무엇을 두려워하는지, 무엇을 걱정하는지 그리고 어떤 삶을 희망하는지 알게 되었다.

　일기를 계속 쓰다 보면 발견하게 된다. 계속해서 반복적으로 나오는 것들, 반복적으로 드러나는 감정들. '진짜'를 발견하게 된다. 진짜 이야기, 진짜 마음, 진짜 나. 어쩌면 그것을 발견하는 것이 일기의 최종 목적지일지도 모르겠다.

　일기쓰기. "지금까지의 성장에 도움을 주었던 작은 행동이 무엇이었느냐?"라고 물어온다면 나는 주저 없이 말할 것이다. "나를 살린 건, 일기쓰기였다."라고.

이제 당신이 지금까지 알고 있던 실패에 대한 정의를 다시 내려 보자.

실패 = 계획에서 벗어날 수 있음을 인정하는 것

실패 = 더 배워야 할 필요성을 느끼는 것.

실패 = 자신을 시험대 위에 올려놓는 것

실패 = 어떤 부분에서 도움이 필요한지 찾아내는 것

실패 = 탐험하는 것

실패 = 잘못 알고 있었음을 깨닫는 것

실패 = 실험하는 것

실패 = 어떻게 더 노력할지 아는 것

실패 = 그게 최선의 방법이 아니었음을 배우는 것

실패 = 시장에 대한 리서치를 좀 더 해보는 것

실패 = 프로토타이핑prototyping(개발 초기에 시작 모델을 만들어 시험과 개선을 반복해 최종판을
내놓는 것)을 하는 것

실패에 대한 시원하고 유쾌한 해석이 마음에 든다. 인정한다. 나
역시 그러했었음을. 도움을 받는 것을 실패라고 생각했고, 부족한 것
도 실패라고 여겼고, 실수도 실패라고 해석했고, 경험도 실패라고 받
아들였다.

벗어나고 싶었다. 비록 실패로 점철된 과거였지만, 틀에서 벗어나
고 싶었다. 실패든, 경험이든. 모든 것을 받아들일 수 있는 새로운 기
준을 찾고 싶었다. 그러면서 찾았다. 배움.

배움의 시선으로 삶을 바라보니 한결 부드러워졌다. 용서하는 마음도 생기면서 과거를, 실패를, 안을 수 있었다. 마윈의 표현처럼 경험으로 받아들일 수 있었다. '삶이 숙제가 아닌, 축제가 될 수 있겠구나.'라는 생각도 들었다.

도움을 받는 것도, 부족함을 인정하는 것도, 실수도 모두 실패가 아니다. 성장에 필요한 과정이다. 그러니 이제부터라도 '실패'라는 것에 대해 지나치게 부정적으로 해석하지 말자. 받아들이자. '배움의 과정'이라고 이해하자.

시험대에 올라야 하고, 잘못 알고 있는 것을 깨달아야 한다면, 배움으로 받아들이면 된다. 성장의 순간마다 그 속에서 '무엇을 배웠는지'를 점검하면서 디딤돌 삼아 한 걸음이라도 나아가면 된다. 무엇이 되었든, 어떤 것이 되었든. 어제와 오늘 사이에 일어난 경험, 그것을 '배움'으로 받아들이고, '성장의 과정'으로 만드는 것. 이것이 중요하다.

단 하나의 작은 차이라도 있었을 때, '다름'을 기대할 수 있다. '다름'은 변화이며, 변화는 '성장'이다. '단 하나의 차이'도 없을 때, '단 하나의 변화'도 생기지 않는 것, 그게 정상이다.

'단 하나의 차이'도 없었으면서 '단 하나의 변화'가 생기길 바라는 것, 그 마음은 욕심이다. 감이 떨어지기를 기다리면서 그 밑에서 입만 벌리고 있는 것과 다르지 않다. 어제의 경험을 오늘의 배움으로 차이를 만들어내야 한다.

심리학자인 닐 피오레는 그의 저서 『나우-지금 바로 실행하라』에서 미루기를 극복하는 방법을 제안했다. '언스케줄unschedule'즉, 전체 계획을 짜느라 전전긍긍하는 대신, 30분 분량의 일부터 먼저 끝내보라는 것이다.

"작게 시작하십시오. 책 집필을 끝내고 편지를 쓰고 소득세 계산을 마치겠다는 야심 찬 계획을 세우지 마세요. 어떤 일에 네 시간이나 매달리겠다는 생각도 버리고요. 대신 30분만 집중해서 양질의 결과를 내겠다는 목표를 세우라는 것입니다."

이 말의 핵심은 양보다 질이 우선인 습관을 기르라는 것이다. 잦은 이메일 확인이나 인터넷 서핑 때문에 방해받지 않는 양질의 업무처럼 말이다. 그렇게 집중해 30분 동안 일을 하고 나면 하고 싶지 않은 내부의 관성이 깨지며 업무에 흥미를 느낄 수 있다. '미루기'를 '생산'으로 바꾼 것이다.

일하는 데 드는 절대 시간의 양에 너무 얽매일 필요 없다. 단 몇 분 동안 하더라도 괜찮다. 관련 책을 한 페이지 읽거나, 서류 한 개를 정리하는 식이다.
핵심은 매일 꾸준히 하는 것에 있다.

닐 피오레는 말한다. 작은 시작, 작은 출발, 작은 계획. 사실 야심 찬 생각과 거대한 계획으로 인해 출발조차 못 하는 경우가 허다하다. 계획 세우다가 날 새는 것이다. 작게 시작하자. 작은 계획을 세워 작은 성공을 경험하자.

아이들에게 작은 성공의 경험이 필요한 것처럼 어른인 우리도 마찬가지이다. 작은 성공을 경험하면서, 인생이라는 큰 그림을 퍼즐처럼 채워가야 한다. 지금 우리에게는 '작은 성공의 경험'이 필요하다.

큰 그림을 작게 나누어, 지금 시도해볼 수 있는 것을 시도해라. 끈기가 있어서 꾸준히 하는 것이 아니라, 꾸준히 하니까 끈기가 생기는 것이다. '작은 경험'이라는 생각으로 망설이고 있다면, "우물쭈물하다가 그럴 줄 알았다."라는 말을 하고 싶지 않다면, 지금이라도 시도해야 한다. 지금도 늦지 않았다.

성공에는 '근성'이 필요하다. 또는 '그릿grit'으로 불리는 성품이 필요하다. 그릿은 펜실베니아대 심리학자 안젤라 리 덕워스가 주장한 덕목이다. 덕워스는 다양한 분야의 리더들이 다른 사람과 비슷한 지능을 가지고도 성공이 가능했던 이유와, 뛰어난 창의성과 재능을 가진 사람을 능가하는 성공이 어떻게 가능한가에 대해 연구했다.

그녀는 이 연구에서 성공한 리더들의 공통된 성격을 발견했는데 그것을 '그릿'이라고 이름 붙였다.

"그릿은 장기적 목표에 대한 인내와 열정이라고 정의할 수 있습니다. 도전을 향해 끊임없이 일하는 것이죠. 실패나 역경, 더딘 진척에도 불구하고 일에 대한 노력과 흥미를 잃지 않으면서요. 이 '그릿'으로 충만한 사람들은 어떤 일에 대한 성취를 마라톤과 같다고 여깁니다. 이것을 자신의 경쟁력이라고 보는 거죠. 다른 사람은 실망이나 지루함을, 궤도를 바꿔서 일을 그만둬야 할 신호라고 생각해요. 하지만 '그릿'으로 가득한 사람들은 그대로 하던 일을 계속합니다."

근성, 꾸준함. 학창 시절 칠판 위에 한 번쯤은 걸려있었다. 근면, 성실. 마흔이 되어 다시 만나는 느낌은 특별하다. 새삼스럽게 위대해지는 느낌이다. 근성과 꾸준함. 스피드 혹은 상상력과 전혀 어울릴 것 같은 않은 느낌이었다. 번뜩이는 재치, 창의력과는 더욱 거리감을 넓히는 느낌이었다. 근성과 꾸준함. 그 가치를 제대로 몰랐던 것이다.

삶을 정면에서 승부하는 사람들. 그들은 근성이나 꾸준함을 소홀히 대하지 않는다. 바위를 뚫는 것은 물의 힘이 아니라 바위를 두드린 물의 횟수라는 글처럼, 단 한 번에 이루어지는 것이 없음을 그들은 이미 알고 있었다. 바위를 뚫겠다는 마음으로 두드리는 것. 그것이 전부라는 사실을 그들은 이미 알고 있었다.

'이럴까 혹은 저럴까.'라는 생각에도 작은 행동을 이어가는 사람들. 작은 행동을 '꾸준함'으로 채워가는 사람들. 그들은 믿는다. 자신을 믿고, 자신의 태도를 믿는다. 그리고 미래에 호소한다. 오늘의 노력이 바위를 뚫는 것에 쓰일 거라고 확신하면서 두드린다.

끈기와 꾸준함. 인생을 성공적으로 살아가고 싶은 사람이라면, 이 두 가지에 집중해야 한다. 작은 시작, 작은 행동의 가치를 눈치채야 한다.

어쩌면 지금까지 너무 크고 거창한 것만 바라본 건지도 모른다. 작은 계획을 세워라. 작은 목표를 세워라. 할 수 있겠다 싶은 수준에서 한 뼘 정도만 높은 계획이나 목표를 세워라. 그리고 찾아라. 도달할 수 있는 방법을, 시도해볼 수 있는 방법을 찾아라.

평가나 결과는 하늘의 몫이다. 지금 궁금해하지 않아도 된다. 훗날, 나중에 받아들이면 된다. 지금 당신이 집중해야 하는 것은 '과정'이다. 작은 것이라도 목표를 세우고, 계획에 맞춰 꾸준히 해 나가는 것. 그것이 중요하다.

작게 시작한 일이지만, 끝까지 갈 수 있도록 노력해라. 약간의 지루함이나 실망감이 '포기'라는 단어와 함께 '그만두어도 된다.'라는 속삭임을 해오더라도, 싹싹 지우고 그곳에 '끈기'라는 두 단어를 새겨넣어라. 이미 항해는 시작되었다. 나아가라. 가다 보면 닿는다.

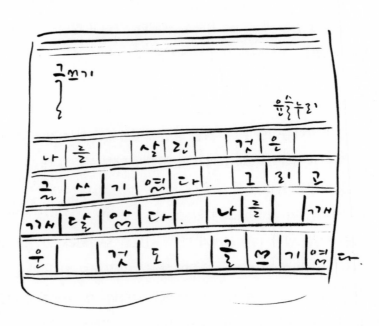

한 번은 독해져라

- 내가 선택하고 내가 책임진다.

독설. 한때 '독설'이라는 단어가 유행처럼 번진 적이 있다.

독설, 모질고 독한. 따뜻하게 다가가는 친밀함이나 익숙함이 아닌 약간의 냉정함이 가슴을 스쳐가는 느낌. 그럼에도 사람들은 열광하 듯 매달렸다.

'그랬어야 했는데.'라며 지나온 시간에 대한 혹독한 평가가 간절했 던 사람처럼, "독하지 못했다."라는 평가가 필요했던 사람처럼 매달 렸다. 그러면서 원했다. 독해지고 싶다. 독한 사람이 되고 싶다. 어떻 게 하면 독한 사람이 될 수 있을까.

살아가는 것은 결국 작은 괴로움들과의 무수한 전투이다. 우리는 온갖 괴로움들 앞에서 때로 비겁하고, 때로 회피하려 들고, 때로 눈감으려 들기도 하지만, 궁극에는 정면으로 응시하고, 깊은 원인을 찾아보고, 정면 승부할 수 있어야 한다.

그 힘을 기르는 것은 결국 스스로 해야 할 일이다.

독하게 홀로 있는 시간과 공간을 만들어라. 그 속에서 스스로와 대결하라.

정말 한 번은 독해져봐라. 모두 스트레스를 받고, 슬럼프에 빠지고 일이 많아 허우적거리는 일상을 살아가고 있다. 하지만 그러한 모든 일의 원인을 능력이나 환경만을 탓하지 말고, 냉정하게 당신을 살펴봐라.

현재의 당신은 누구이며, 어떤 일을 하고 있으며, 또 어떻게 살고 싶은지 자세하게 관찰하라. 다른 누구도 그 답을 들고 있지 않다. 홀로 있는 시간 속에서 당신 자신과 깊고 은밀한 대화를 나누어라. 당신을 관찰하고, 당신을 기록하고, 당신 자신과 대화해라.

세상에서 당신을 가장 잘 아는 사람이 당신이지만, 세상에서 당신을 가장 모르는 사람이 당신일 수도 있다.

마치 면죄부를 받은 사람처럼 방황하는 것이 청춘이라고 말하는 이들. 청춘은 방황해야 하는 것이라며 위로하기 바쁜 이들. 그들에게 저자는 말한다. "현재 능력 부족인 모습을 원망만 하면서 보내지 마라. 냉정하게 당신의 모습을 되돌아봐라. 지금 당신이 무엇을 하고 있는지 살펴보라."

그러면서 덧붙인다. 혹시 지금의 모습이 만족스럽지 않다면, 더 이상 원망으로 채우고 싶지 않다면 한 번 독해져라. 누가 보든, 누가 보지 않든 냉정하게 독설을 날려라. 당신에게로. 밑바닥에 잠들어 있는 의식에게 지각변동이 필요하다고 알려라.

타인을 평가하기 이전에 당신부터 평가해라. 당신이 지금까지 어떻게 살아왔는지. 당신이 지금까지 이루어놓은 것은 무엇인지. 무엇을 하지 않았는지. 그것부터 확인해라. 중요한 것은 누군가의 독설이 아닌, 당신의 의지이다.

홀로 있는 시간을 만들어야 한다. 익숙한 것들과의 거리를 확보해야 한다. 홀로 있는 시간, 익숙한 것들과의 거리가 확보된 시간, 당신이 무엇을 하는지 살펴봐야 한다. 원하는 것이 있다고 말하면서 무엇을 하고 있지 않은지 살펴봐야 한다. 독해진다는 것은 '당신이 선택하고 당신이 책임진다.'라는 사실을 받아들이는 것이다.

세상은 나 없이 돌아간다.
그러나 내가 없으면 세계도 없다.

업무로 인해, 남들이 겪지 않을 것 같은 일상으로 인해 힘들고 어려운 것도 사실이다. 그럼에도 불구하고 견뎌내야 한다. 다른 환경이나 조건이 주어지지 않는다고 불평만 하고 있을 수는 없다. 당신에게 주어진 것이, 당신을 무너뜨리기 위해 존재한다고 믿지 않아야 한다. 어떠한 경우에도 주어진 상황을 당신에게 유리하게 재해석하는 지혜가 필요하다.

'성장해야 하는 시점이구나.', '변화가 필요하다는 의미구나.', '지금 알이 깨어지고 있구나.' 이렇게 이해하고 받아들이는 현명함이 필요하다.

독해진다는 것. 당신을 얽매는 것들, 그것들과의 사슬을 끊고, 궁극적으로 '당신과 당신의 인생'에 충실해지는 것이다. 당신에게 익숙한 것들과의 거리를 확보하는 일이다. 일상적으로, 습관적으로, 관습적으로 하고 있는 것들. 그것들과의 관계를 확인하는 일이다. 당신을 망가뜨리는 유혹을 물리치고 자신과 새로운 약속을 하는 것이다.

독해져라. 한 번은 독해져라. 지금까지의 경험을 떠올려봐라. 지금껏 독하게 덤벼본 것이 있었는지. 지독할 정도로 매달린 것이 있는지. 간절하고 절실해서, 그것이 아니면 안 되는 것처럼, 온 힘을 다한 것이 있었는지. 이미 알고 있겠지만, 성장은 그 지점에서 이루어진다.

독지고 싶지 않은가?
독해져야겠다는 생각이 들지 않는가?
독한 사람이라는 소리가 듣고 싶지 않은가?
제대로 한번 독해져보라.

버킷리스트
- 인생은 속도가 아니라 방향이다.

버킷리스트. 죽기 전에 꼭 하고 싶은 일, 해야 할 일이라는 느낌 때문인지 조금 부담스러워하는 느낌이다. 그래서일까. 요즘은 버킷리스트가 아닌, 드림리스트라고 말하기도 한다.

버킷리스트, 드림리스트.

사용하고 있는 다이어리의 맨 앞장에는 드림리스트가 있다. 말도 안 되는 내용도 있고, 조금 노력하면 될 것 같은 내용으로 가득 찬 드림리스트. 몇 년 전부터 이어오고 있는데, 그것을 본다고 해서 새로운 생각이 떠오르거나 없던 용기가 갑자기 생겨나는 것도 아니다.

그러나 방향을 잡고, 무엇인가를 꾸준히 하는 데에는 분명 도움이 된다. 긴 항해의 나침반이나 밤하늘의 북극성처럼 지키고 서 있다.

제대로 가고 있는지, 아니면 항로를 변경해야 하는지, 길잡이가 되어 준다.

> A: 꿈 같은 건, 없는데요. 뭐 어젯밤에도 꿈을 꾸기는 했습니다만.
> B: 꿈이 없는 청춘은 나침반 없이 항해하는 배와 똑같은 거야.
> A: 나침반이 모든 배에 필요한 건 아니잖아요. 낙동강 처녀 뱃사공에게 나침반이 뭐가 필요하겠어요.
> B: 하하, 날카로운 대답인데. 하지만 큰 바다로 가려면 나침반이 꼭 있어야 해. 자네도 꿈이 있어야지.

보통 버킷리스트, 드림리스트라고 하면 대단하거나 거창하다고 생각하는 것 같다. 물론 그런 것도 있다. 하지만 개인적으로 나의 드림리스트에는 자잘한 것들도 많다. 예를 들어, 감정표현 미루지 않기. 아이들 앞에서 다투는 부모의 모습 보이지 않기 등. 드림리스트라고 표현하기에 다소 부족해 보이지만, 나름대로 소중하고 의미있는 것들이다.

드림리스트. 누군가의 거창한 프로젝트보다 의미 있다고 생각하는 것, 그런 것들을 기록한 것이 드림리스트이다. 가치 있다고 믿는 것, 그래서 도전해보고 싶은 것, 지켜내고 싶은 것, 꼭 해 보고 싶은 것까지 모두 해당된다. 주변의 지인에게 몇 번 권했는데, 반응은 제각각이었다. 한번 시도해보려는 사람이 있는가 하면, 어렵다며 고개부터 흔드는 사람까지.

드림리스트. 여전히 권해보고 있다. 한번만 작성해보라고. 지금까지 시도해본 적이 없다면 한번 적어보라고. 1년 혹은 6개월의 시한부 인생을 선고받은 사람처럼 한번 적어보라고 말한다.

그러나 무엇보다 드림리스트를 권하는 이유는 따로 있다. 사실 드림리스트 '목록'보다 '시간'을 만들어주고 싶었다. 드림리스트를 작성하는 동안, 시간여행을 보내주고 싶었다. 자기 자신을 들여다보는 시간, 자신을 만나는 시간, 자신의 삶 전체를 바라보는 시간. 그런 시간을 만들어주고 싶었다.

버킷리스트를 작성했던 학생들이 더 성공할 수 있었던 이유는 소망의 내용이 아니라, 늘 무엇인가를 꿈꾸는 삶의 자세에 있었다.

물론 버킷리스트나 드림리스트를 작성한다고 달라지는 것은 없다. 드림리스트가 '종이에 기록하는 행동'이 있었다면, 그 다음에는 '기록한 것들을 현실로 옮기는 행동'이 있어야 한다. 즉, '꿈을 이루기 위한 행동'이 있어야 한다.

그러나 '꿈을 이루기 위한 행동' 이전에, '꿈을 기록하는 행동'부터 시작해보았으면 좋겠다. '이루어지지도 않을 텐데, 적는다고 달라지는 것이 없을 텐데.'라고 여겨질 수도 있겠지만, 꼭 한번 시도해보았으면 좋겠다.

꿈을 이룬 사람들은 늘 '꿈을 꾸는 사람들'이었다. "불가능하다."라는 주변의 소리에도 그들은 '꿈꾸는 것'을 멈추지 않았다. "이봐, 한번 해보기라도 했어?"라고 질문했던 정주영 회장처럼, 시도하고 또 시도했다.

많은 사람들이 '꿈을 이루기 위한 행동' 이전의 '꿈을 기록하는 행동'에 대해 의아해하던 그 순간에도, 그들은 꿈을 믿었다. 꿈을 믿고, 꿈을 꾸고, 꿈을 기록했다.

꿈은 머리로 생각하는 게 아니라, 가슴으로 느끼고 손으로 적고 발로 실천하는 것이다.

– 존 다드

꿈을 기록해보고 싶은가?
버킷리스트를 작성해보고 싶은가?
드림리스트에 추가하고 싶은 것이 있는가?

종이 위에 적어라. 무엇을 하고 싶은지, 어떻게 살고 싶은지, 간절히 원하는 것이 무엇인지, 살아오는 동안 아쉬움이 남는 것은 없었는지, 미련이 남은 것이 무엇이었는지. 마치 죽음의 순간을 목전에 둔 사람처럼 떠오르는 대로 적어라.

지금이 아니면 안 되는 것처럼 멈추지 말고 써라. 어떻게 죽을 것인가를 떠올리면서 끊임없이 써내려가라. 무엇을 남길 것인가를 생각하면서 멈추지 말고 써내려가라. 그렇게 써내려 가다보면 결국 알게 될 것이다.

무엇을 원하는지. 어떻게 살고 싶은지.
어떻게 해야 좋은지. 지금부터 무엇을 해야 하는지.
당신은 알게 될 것이다.

인생에서 성공하고 싶다면 언제라도 이 세상을 떠날 수 있음을 깨닫고 바로 이 순간의 삶에 충실해야 한다. 그럴 때 삶을 바라보는 자세는 긍정적이 되고, 삶의 모든 과정은 달라진다. 인생의 묘미는 불확실성에 있다.

미래가 확실하면 적당히 평소대로 살아간다. '죽음'을 생각하기 전에 먼저 생각해야 할 게 있어. '어떻게 죽어야 할까.'가 아닌 '어떻게 살아야 할까.'를 먼저 생각해야 하네.

버킷리스트

어떻게 살고 싶은가
어떻게 기억되고 싶은가
무엇을 남기고 싶은가

당신의
스토리,
아직 끝나지
않았다

태도에 관하여

- '오늘도 무사히'보다는 '오늘도 나답게'

　살아간다는 것, 매일 숙제를 부여받고 그것을 하나씩 풀어가는 '오늘'의 연속이다. 그래서 삶을 "축제처럼 살아라."라고 말하지만, 숙제처럼 느껴질 때가 많다. 거기에 숙제나 문제를 바꿀 수 있다면 다행이지만, 그조차 어떻게 해볼 수 없을 때가 더 많다.

　수많은 숙제와 문제들. 과연 우리는 어떻게 해결해야 할까. 무엇을 할 수 있을까. 『태도에 관하여』라는 책은 바로 이 지점에서 출발했다. 문제도 바꿀 수 없고, 상황도 바꿀 수 없는, 감당할 수 없는 어려운 문제가 우리를 찾아왔을 때, 과연 우리는 어떻게 해야 할까.

　이러한 질문에 대해 저자는 말한다.

당신의 스토리, 아직 끝나지 않았다 · · ·

"문제나 숙제를 바꿀 수가 없다면, 차라리 당신을 바꿔라. 좀 더 정확하게 표현하면, 문제나 숙제를 바라보는 '당신의 태도'를 바꿔라. 부정적인 사고, 긍정적인 사고를 떠나 '당신의 태도'를 점검해라. 삶의 중요한 기준을 정해놓고, 그에 부합하는 선택을 내리는지 살펴봐라. 이도 저도 아닌, 기준도 없이 살아가는 건 아닌지 확인해라."

바로 이러한 관점에서 자신이 신뢰하는 태도 5가지를 중심으로 이야기를 풀어간다. 자발성, 관대함, 정직함, 성실함, 공정함까지.

제일 희망이 보이지 않는 것은, 이것도 싫고 저것도 싫다면서 지금 있는 자리에서 한 발자국도 움직이지 못하는 것. 새롭게 길을 선택해도 언젠가는 객관적인 평가와 만날 수밖에 없는데, 그것이 두렵거나 싫다고 한다면, 자존심을 다치면서까지 현실을 직시하고 싶지는 않다면, 애초에 답은 없는 것이다.

사실 우리는 어떤 결과를 기대하면서도 객관적인 평가와 만나는 것이 두려워 머뭇거릴 때가 많다. 자발성에 근거해 무엇인가 꿈틀거리는 마음으로 있으면서도, 자리를 털고 일어나 한 발자국을 옮기고 싶은 마음에도, 주저하고 망설이게 된다. 선택에 대한 두려움과 평가에 대한 두려움으로 망설이게 된다.

물론 반대의 경우도 있다. 다른 사람들이 하지 말라고 모두 나서서 말리는데, 굳이 달려가는 사람들이 있다. 벌써 저만치 달려가고 없다. 모든 사람들이 나서서 하지 말라고 말리는데도 나아가는 것, 바로 자발성이다.

이유가 뭘까. 왜 그럴까. 모두가 말리는데 왜 시작할까. 모두 불가능하다고 말하는데, 왜 불가능을 향해 달려갈까. 왜 그 길을 선택하는 걸까. 그들은 이미 알고 있었다. 한 번뿐인 인생, 다시 되돌릴 수 없는 인생, 처음이자 마지막인 인생, 마음이 원하고 가슴이 뛰는 일을 해야 한다는 것을, 그들은 알고 있었던 것이다.

자발성. 자발성에 근거한 일은 위기나 어려움 앞에서 더 강해진다. 오기도 생겨나게 하고 의욕도 늘어나게 만든다. 그래서 모든 일의 선두에는 '자발성'이 있어야 한다. 물가로 데려갈 수는 있지만, 물을 마시는 것은 '선택'의 문제이다. 물을 먹느냐 마느냐, 스스로 결정해야 한다.

물을 마시고 싶은 사람은 물가로 가는 방법을 설명하기가 무섭게 한달음에 달려간다. 그러나 물을 마시는 방법까지 설명해주어도 움직이지 않는 사람도 있다. 이러한 차이, 바로 자발성이다. 그렇기에 무슨 일이든 스스로 원하는 마음, 자발성이 먼저이다.

나한테 마음의 문을 연 만큼 딱 그만큼만 나도 마음을 여는 것이 어떻게 가능하단 말인가. 내가 누군가를 좋아할 때는 내가 그 마음을 인정하고 받아주어야 하지 않을까.

사랑에서 취해야 할 단 하나의 태도가 있다면 나 자신에게는 '진실함', 상대한테는 '관대함'인 것 같다.

　자신에게는 진실함, 상대에게는 관대함. 명쾌하고 정확하다. 가슴을 시원하게 쓸어주는 맛이 깔끔하다. 스스로에게 우리는 지나치리만큼 관대하고, 상대에게 가혹하리만큼 진실을 요구한다. 무리한 요구였음에도 원하는 대답을 듣고 싶어한다. 어떤 경우에도 '진실해야 한다.'는 신의 잣대를 들이밀면서.

　그러면서 스스로는 관대한 사람, 용서하는 역할을 담당하고 싶어한다. 그것이 문제라는 생각도 하지 못했다. 시시비비를 정확하게 가려내는 것이 현명하다고 믿었기에. 자신을 바라보는 태도와 다른 사람을 바라보는 태도와의 차이, 몰라도 너무 몰랐다.

　그러한 차이가 관계를 더 어렵게 만든다는 사실을 한참 뒤에 깨달았다. 때론 얽힌 대로 놔두는 것도 필요했고, 시간의 힘을 의지하면서 견디는 것도 필요한데, 성급했다. 분석하고 판단하기에 바빴다.

　나도 예전에는 왜 이렇게 멀어졌을까 자꾸 분석하고 시시비비를 가리거나 그 관계의 끈을 다시 이어보려고 애썼는데, 돌이켜보면 그것은 나나 상대를 위하는 일이 전혀 아니었다. 단지 그 관계에서 내가 부족하거나 나쁜 사람이 아님을, 나는 인간관계를 유지하지 못하는 사람이 아님을 입증하고 싶었던 것뿐이었다.

　어정쩡한 인간관계로 걸쳐놓는 것이 내가 나쁜 사람이 되는 것보다 낫다고 생각하고, 내가 그 관계로 불편하다 해도 그 이상으로 상대를 직접적으로 화나게 하거나 상처 입히는 것을 두려워한 것이다.

불편한 인간관계를 견뎌내야 할 이유는 없다. 당장은 마음에 부담을 느끼지만 한 번 관계를 자연스럽게 놓아버린 다음 얼마간의 시간이 흐르면 피차 홀가분해할지도 모른다. 둘 사이에 일부러 거론하지 않는 갈등이 있다면 그 갈등을 놓아보자.

시간이 지나야 비로소 자연스레 이해되고 용서되는 것들이 있다. 갈 사람은 가고 돌아올 사람은 분명히 다시 돌아온다. 관계의 상실을 인정할 용기가 있다면 어느덧 관계는 재생되어 있기도 하다. 이러한 관계의 자연스러운 생로병사를 나는 긍정한다.

관계에 대한 접근법이 마음에 든다. 관대하지 못했던 과거에 대해서도 한결 마음이 놓인다. 관계의 생로병사. "감정의 생로병사를 인정한다."라는 말처럼 모든 일에는 생로병사가 있다. 지나야 하는, 겪어야 하는 시간들이 있다. 관계의 문제든, 감정의 문제든.

정직함이나, 성실함, 공정함도 그 연장선에 있는 것 같다. 치장하거나 포장하지 않고 속살을 내보일 수 있는 정직함, 성실함, 공정함. 분명 우리가 배워야 하는 태도들이다.

모든 일이 그러하듯 겪어야 한다. 생로병사를 바라보는 시간이 필요하다. 그리고 그런 과정 속에서 꿋꿋이 되살아나는 것들, 반드시 지켜내야 한다. 그것은 '태도'를 지키는 일이며 동시에 '인생'을 지키는 일이다.

현철: 제가 제일 싫어하는 말이 '오늘도 무사히'예요.
경선: 왜죠?
현철: 그렇게 살려고 하다 보면 어떤 경우도 나답게 살 수 없는 거예요.
경선: 그렇죠.
현철: '오늘도 무사히'에서 '무사히'를 지우고 '오늘도 나답게'로 바꾸고 싶어요.
　　　그러려면 결국은 상처 입을 각오를 해야 돼요. 임 작가님의 말처럼.
경선: 기꺼이 상처받을 것.
현철: 항상 상처받을 공간을 둬야 해요.
경선: '무조건, 다 잘될 거야' 이런 거 싫으시죠?
현철: 그럼요, 그건 진짜 약 올리는 거예요.

자발성을 위한 용기
관대함을 위한 노력
정직함에 대한 원칙
성실함을 위한 끈기
공정함에 대한 의지

떠오르는 생각들을 하나씩, 하나씩 정리해두자. 살아가는 동안, 우리를 찾아오는 많은 것들, 지켜내야 할 기준을 정리해두자. 어느 것이 옳고, 또 어느 것이 틀리다고 단정 내리는 것이 아니라 어떤 기준으로 받아들일지, 어떤 노력을 기울일지 정리해두자.

살다 보면 예전에는 가능했지만, 불가능하게 되는 것도 있고, 반대로 예전에는 불가능했지만, 지금은 가능해진 것들이 있다. 예상할 수 없고, 이해하기 어려운 상황이 연출되는 것이 현실이다. 그럴 때는 유연함을 발휘해보자. 상황을 바라보는 유연함, '생각의 유연함'을 발휘해보자.

생각의 유연함이라고 해서, 기준이나 원칙이 없어도 된다는 얘기가 아니다. 어떤 경우에도 지켜내겠다는 삶의 원칙, 기준은 있어야 한다. 자신답게 살기 위해, '오늘도 무사히'가 아니라 '오늘도 나답게' 살기 위해 노력해야 한다.

정신의학에서의 가장 이상적인 태도로 '웜 앤드 펌'을 꼽는다고 한다. 웜 앤드 펌warm & firm 원칙이 있으면서, 철저하되, 따뜻해야 한다. 마무리로 이 간결하면서 아름다운 문장을 당신에게 선물한다.

오늘도 무사히?
오늘도 남들처럼?
오, 아니다!
오늘도 나답게.
오늘도 당신답게.
웜 앤드 펌warm & firm!

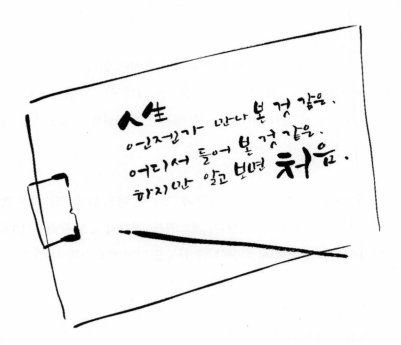

미움받을 용기

- 인생의 열쇠는 자기 자신에게 달려있다.

아들러. 그는 자신의 이론을 '개인 심리학'이라고 이름을 붙였다. 개인 심리학. 아들러는 말한다. 개인의 관심이나 지능, 의식과 무의식 등의 정보를 아무리 모은다고 해도, 이러한 자료가 그 사람의 '전부'를 설명할 수 없다.

개인은 어떤 목표를 향해 끊임없이 변화하는, 살아있는 유기체이다. '역동적으로 살아가는 삶'을 긍정해야 하며, 그것을 방해하는 요소들로부터 자유로워져야 한다. 이것이 아들러의 생각이다.

즉, 개인이 역동적으로 살아가지 못하는 첫 번째 이유는 바로 열등감 때문이라고 한다. 열등감. "민더베르티히카이트게퓔." '가치가 더 적은 느낌'이라는 뜻의 독일어로, 아들러는 열등감을 '자신에 대한 주관적인 가치판단'과 관련이 있다고 말한다.

즉, 자신을 괴롭히는 열등감은 '객관적인 사실'보다는 오히려 '주관적 해석'에 가깝다는 것이 아들러의 생각이다. 누구도 '열등감'이라는 울타리에서 자유로운 사람은 없다. 어떤 형태로든, 보이든, 보이지 않든, 누구나 내면에는 열등적인 감정을 지니고 있다. 관계 속에서 드러나든, 드러나지 않든. 품고 있다. 그래서 간격, 혹은 차이가 생길 수밖에 없다.

이상적으로 생각하는 자신과 현실에서의 자신. 완벽해 보이는 보이는 타인과 그렇지 않은 자신. 관심이 늘어나고 생각이 많아지면서 점점 감정도 복잡해진다. 어떠한 기준이 아닌, 비교 속에서 더욱더. 그러면서 점점 더 두려워진다. '자신은 지니고 있지 않다.'는 상실감으로.

열등감. 이것은 '의지'가 꺾일 때 더욱 강력해진다. '할 수 있는 방법'이 아니라 '할 수 없는 이유'를 더 고집하게 만들고, 스스로 답답해하면서도 익숙한 결정을 선택하게 만든다. 열등감이 더욱 두려운 이유는 여기에 있다.

열등감. 조금만 편하게 받아들여 보자. 누구나 열등감을 가지고 있다. 나도. 그 사람도. 하물며 그분도. 두려워한다. 뒷걸음질하게 될까 봐. 물러나게 될까 봐. 나도. 그 사람도. 하물며 그분도. 그러니 열등감, 그 자체로부터 조금만 자유로워지자.

  사람은 똑같다. 적어도 감정적인 문제에 대해 자유로운 사람은 없다. 감정을 느끼는 동물이라는 사실은 모두에게 공평하다. 그러니 자연스럽게 생겨나는 차이나 간격, 이런 것들에 대해 조금만 다르게 접근해보자.

  예를 들어 키가 작은 사람이 키 큰 사람을 부러워한다고 가정해보자. 이런 경우, 어떻게 할 수 있는 방법이 없다. '키를 늘이는 것' 외에는 방법이 없다. 하지만 그 방법이 허락되지 않는다면, 남는 것은 한 가지이다. 받아들이는 것이다. '나는 키가 작다. 그래서 키가 큰 사람이 부럽다.'라고 인정해버리자.

  경험해봤겠지만, 인정하고 나면 차라리 마음은 홀가분하다. 다르다. 너와 나는 다르고, 키도 다르다. '틀리다.'가 아니라 '다르다.'라고 받아들이고 나면, 열등감은 더 이상 두려운 대상이 아니다. 그렇게 자신을 긍정하고, 자신을 받아들이면서 '자기수용'이 생겨난다. 아들러의 자기수용. 열등감을 뛰어넘는 출발점이다.

유대교 교리 중에 이런 말이 있네.
"열 명의 사람이 있다면 그중 한 사람은 반드시 당신을 비판한다.
당신을 싫어하고, 당신 역시 그를 좋아하지 않는다. 그리고 그 열 명 중 두 사람은 당신과 서로 모든 것을 받아주는 더없는 벗이 된다. 남은 일곱 명은 이도 저도 아닌 사람들이다."

이때 나를 싫어하는 한 명에게 주목할 것인가 아니면 나를 사랑해주는 두 사람에게 집중할 것인가 혹은 남은 일곱 사람에게 주목할 것인가? 그게 관건이야.
인생의 조화가 결여된 사람은 나를 싫어하는 한 명만 보고 '세계'를 판단하지.

실제로 다른 사람들이 그렇게 '자네'를 주시하고 있을까? 자네를 24시간 감시하며 조금이라도 틈이 보이면 공격하려고 호시탐탐 기회를 노리고 있을까? 아마 아닐걸.

내가 아는 젊은 친구는 소년 시절에 거울 앞에서 오랫동안 머리를 빗는 습관이 있었다는군. 그러자 할머니께서 그 친구에게 이렇게 말씀하셨다고 하네.
"네 얼굴을 주의 깊게 보는 사람은 너뿐이란다." 그날 이후 그는 삶이 조금 편해졌다고 하더군.

화가 난다고 해서 외면해서는 안 되네. 이것은 아주 중요한 포인트일세.
아들러는 인생의 과제나 인생의 거짓말을 선악으로 구분해 말하지 않았네.
지금 우리가 말해야 하는 것은 선악도 도덕도 아닌 '용기'의 문제일세.

아들러는 주장한다.

"사회적인 맥락 속에서 '가치'가 성립된다. 인간의 모든 고민은 인간관계에서 비롯되며, 인간은 수용하고 관계를 맺으면서 신뢰감을

형성한다. 인간은 진화하고 변화한다. 공헌력을 지니는 방향으로 나아간다."

이것이 아들러가 말하는 자기수용, 타인신뢰, 타인공헌이다.

아들러 역시 궁극적인 방향은 '공헌'이다. 그리고 자신을 제대로 바라보고, 함께 걸어가는 사람들과 나누며, 그들을 신뢰하고, 그들과 함께 더 잘 살아가는 방법을 발견해내는 과정. 그것을 아들러는 '용기'라고 말한다.

열등감. 이왕이면 타인과의 비교가 아닌, '이상적으로 생각하는 자신'과의 차이에서 오는 열등감이면 더 나을 것 같다. 그래서 그 열등감을 자신을 '더 나은 사람'으로 이끌어가는 도구로 사용하면 좋을 것 같다.

'다른 사람이 지니고 있는 것'이 아니라, '자신이 지니고 있는 것'으로 더 나은 사람이 되기 위해 노력해보자. 자신을 받아들이고, 이해하는 순간 '진짜 제대로 된 이야기'가 나온다. 바로 그 진짜 이야기를 하는 것, '용기'이다.

어떠한 경험도 그 자체는 성공의 원인도 실패의 원인도 아니다.
우리는 경험을 통해서 받은 충격(즉, 트라우마)으로 고통받는 것이 아니라, 경험 안에서 목적에 맞는 수단을 찾아낸다. 경험에 의해 결정되는 것이 아니라 경험에 부여한 의미에 따라 자신을 결정하는 것이다.

　다른 사람이 기준이 되어 있는 삶을 가정해보자. 여기 100명의 사람들이 있다고 가정한다면, 그들에게서 인정받기 위해서는 100명의 마음을 위해 움직여야 한다. 100명의 기준에 맞게 100번의 선택을 하고, 그들이 원하는 옷을 입어야 한다.

　하지만 그들을 경쟁 상대가 아닌 동등한 존재로 인식한다면 얘기는 달라진다. 그들의 마음에 들기 위해, 그들에게 인정받는 삶에 목말라할 이유가 없다. 그들은 그들의 삶을 살고, 당신은 당신의 삶을 살면 된다. 바라는 것이 없으면 두려운 것도 없다.

　과제를 분리하자. 자신에게 던져진 문제가 자신의 것인지, 타인의 것인지 구분하자. 자신의 힘으로 할 수 있는 것인지, 자신의 힘을 벗어나는 것인지 구분하자. 타인에게 인정받기 위해 타인의 안색을 살피지 말고, 스스로 원하는 것인지 구분하자. 과제를 분리하는 것만으로도 사실 문제의 절반은 풀린다.

　인간관계에의 모든 열쇠는 당신이 지니고 있다. 당신이 어떻게 바라보느냐, 어떤 맥락으로 이해하고 해석하느냐에 따라 달라진다. 자기를 수용하고, 타인을 신뢰하고, 공헌력을 실행하기 위한 용기, 결국 '당신이 어떤 선택을 내리느냐'에 달려있다.

당신에게 묻고, 당신이 대답해야 한다. 지금 당신을 찾아온 과제가 누구의 것인지 구분해야 한다. 스스로 해결할 수 있는 것인지, 타인의 도움을 받아야 하는 것인지 판단해야 한다.

중요하다고 생각하는 기준에 부합하는 것인지, 아닌지 점검하는 과정이 지루하고 답답하게 느껴질 수도 있다. 하지만 잊지 말자. 인생의 모든 열쇠는 당신이 가지고 있다.

누군가가 시작하지 않으면 안 됩니다. 다른 사람이 협력하지 않더라도 그것은 당신과는 관계없습니다. 내 조언은 이래요. 당신부터 시작하세요. 다른 사람이 협력하든 안 하든 상관하지 말고.

아들러가 했던 말을 다시 인용해보자.

"중요한 것은 무엇이 주어졌느냐가 아니라 주어진 것을 어떻게 활용하느냐."이다.

낭현력

세상이 당신을
필요로 하다

세상이 당신을
기억하다

내 나이가 어때서

- 나이 핑계 대지 말고, 나이에 주눅 들지 말자.

레오나르도 다빈치에게 물었다. "당신의 인생에서 가장 큰 업적은 무엇입니까?"

그 질문에 레오나르도 다빈치는 이렇게 말한다. "레오나르도 다빈치, 바로 나 자신이다."

누군가가 당신에게 '지금까지의 인생에서 가장 큰 업적이 무엇이었냐.'고 물어온다면 당신은 어떻게 대답할 것인가?

작년에 '셀프리더십'과 관련한 강연 중에 이 질문을 했었다. "지금까지의 인생에서 가장 큰 업적이 무엇입니까?" 대답하기를 주저하는 사람들에게 주문을 걸었던 기억이 난다. "지금까지 인생에서 가장 큰 업적은, 지금 여기에 있는 바로 자기 자신이어야 한다."라고.

지금, 자신의 모습을 최선의 결과라고 받아들이는 사람이 생각보다 많지 않았다. 과거의 모습들, 잊고 싶은 기억들, 실패로 새겨놓은 상처들. 다리에 묶어놓은 타이어처럼 힘들게 끌고 다닌다. 싹둑 잘라 버리고 언제 그랬냐는 듯이 나와도 좋을 텐데 쉽지 않은 모양이다.

『내 나이가 어때서』이 책은 다른 이유가 아닌 나이나 혹은 상황 때문에 다리에 꽁꽁 묶어놓은 줄을 끊지 못하는 사람들. 그들을 위한 책이다. 58세에 미술을 시작한 주부 화가 박공효. 그리고 듀이 보젤라. 그들의 인생을 통해 자신도 모르는 사이에 타이어를 다리에 묶고 힘들게 다니는 것은 아닌지 생각해보았으면 좋겠다.

주부 화가 박공효. 초등학교 졸업이 전부이며, 58세에 처음으로 그림 그리기를 시작한 62세 주부 박공효. 전형적인 한국의 엄마로, 자식 뒷바라지와 집안일로 살아왔다.

그러던 어느 날, 그녀는 깨달았다. '인간 박공효가 없었다.'는 사실을. 엄마 박공효, 아내 박공효는 있지만, 인간 박공효가 없었다. 그 순간, 우울증이 그녀를 찾아왔고, 그녀는 두려워졌다. 가만히 있다가는 가족이나 자식에게 짐밖에 되지 않을 것 같았다.

그러면서 시작한 것이 바로 문화원에서의 그림 그리기였다. 어릴 때부터 늘 마음속에 담고 있었던 그림 그리기. 58세에 그녀는 그림을 시작한다. 남편과 귀농을 한 그녀는 새벽에 일어나 그날의 밭일을 모두 끝내고 1시간 30분이나 걸리는 문화원을 찾았다.

"비용이 저렴해서 문화원을 선택했다."고 말하는 그녀는 영락없는 '엄마'다. 자신에게는 조금이라도 더 적게. 자식이나 가족에게는 조금이라도 더 많이. 일주일에 한 번 있는 강좌를 기다리는 자신을 보며, 하루에 몇 번씩 습작을 하고 있는 자신을 보며, 그녀는 서서히 알게 되었다. 자신이 무엇을 좋아하는지. 무엇에 몰두하는지.

시간을 자신이 좋아하는 것으로 채워나갔던 그녀. 시간들이 쌓이면서 하나, 둘 결과가 나타나기 시작했다.

대전 보문미술대전 특선 3회, 대상 1회
대전 시전 입선 3회
무등 미술대전 입선 3회 특선 1회
부산 아시아 특선 1회.
서울 대한민국 수채화 동림상 특선 1회 입선 1회
서울 코파 특선 1회.

'주부 박공효'가 아닌 진짜 박공효. 그녀에게는 새로운 꿈이 생겼다고 한다. 칠순에 개인전을 여는 것. 그 꿈을 향해 달려가는 그녀는 말한다. 이 아름다운 소풍길에 진정으로 하고 싶은 일. 한 번은 해봐야 하지 않겠는가.

천상병 시인이 반겨 맞이할 그녀는 오늘도 그림을 그리고 있을 것이다. 바로 지금 이 순간에도. 그림을 그리며 꽃을 피우며 인생을 꽃 피우고 있을 그녀는 말한다. 내 나이가 어때서. 그러면서 격려한다. 당신 나이가 어때서?

나이에 대한 부담이 조금 줄어들었는지 모르겠다. 이번에 소개할 사람은 '듀이 보젤라'이다.

나이를 뛰어넘고, 주어진 상황을 뛰어넘은 듀이 보젤라. 그의 인생을 통해 당신을 찾아온 위기를 극복할 수 있기를 희망해본다.

듀이 보젤라. 1960년 뉴욕의 빈민가에서 태어난 그는 복서가 되기 위해 성실하게 노력하던 중, 18세에 인생 최대의 위기를 맞이한다. '엠마 크랩서'라는 92세 노인이 빙고 게임을 마치고 귀가한 뒤, 자신의 집에서 전깃줄에 묶인 채 구타를 당하고 목이 졸려 숨지는 사건이 발생했고 그 사건의 범인으로 듀이 보젤라가 지명된 것이다.

노인을 본 적도 없고, 보복할 이유가 없었던 그는 무죄를 주장했지만, 결백은 받아들여지지 않았고 결국 듀이 보젤라는 26년간의 감옥생활을 시작한다.

미국에는 「플리바겐」이라는 '사전형량조정제도'가 있는데, 죄인이 유죄를 스스로 인정하면 형량을 줄여주는 일종의 '협상제도'이다. 그래서 실제로 죄를 지은 사람이 자백을 하면 선처를 받게 되는 것이지

만, 듀이 보젤라처럼 무죄인 경우에는 오히려 죄를 인정하는 결과가
되어버린다.

듀이 보젤라.「플리바겐」을 받아들이지 않고 결백을 주장하며 교
도소 생활을 시작한다. 그리고 2007년. 억울한 사람을 위한 '결백 프
로젝트'를 통해 듀이 보젤라는 세상에 알려지게 되었고, 각고의 노력
끝에 2009년 증거 불충분으로 무죄가 선고되어 석방되었다.

자그마치 26년의 세월이다. 흔한 얘기로 좋은 시절을 교도소에서
보낸 듀이 보젤라. 27년 동안 교도소에서 꽃과 나무를 심었다는 넬슨
만델라 대통령이 생각난다.

듀이 보젤라. 넬슨 만델라 대통령이 꽃과 나무를 심는 것으로 시간
을 채웠다면 듀이 보젤라는 '복싱 연습'으로 교도소 생활을 견뎠다.
18세 때의 꿈. 그 꿈을 가슴에 품은 채 26년을 견딘 것이다.

2011년. 나이 52세에 남들이 은퇴하고 후배를 양성할 때, 그는 신
인전을 치렀고, 경기를 승리로 이끌었다. 인생을 어떻게 살아가야 하
는지, 인생을 어떻게 견뎌야 하는지 듀이 보젤라는 '자신의 삶'으로
증명해보였다.

인생에는 단 두 가지 규칙만이 존재한다.
첫째, 절대로 포기하지 말 것.

둘째, 첫 번째 규칙을 절대 잊지 말 것.

- 듀크 엘링턴

『창문을 넘어 도망친 100세 노인』의 저자 요나스 요나손. 48세에 처음 낸 그의 작품은 세계적 베스트셀러가 되었다. 첫 작품이 출간되었을 때, 저명한 문학 에이전시에서 그에게 물었다. "이 소설은 범죄소설 혹은 모험소설 중 어느 장르로 봐야 할까요?"

이 질문에 대해 '지금까지 인생의 가장 큰 업적이 무엇이냐.'는 질문에 레오나르도 다빈치가 '레오나르도 다빈치'라고 말한 것처럼, 그 역시 이렇게 대답한다. "요나스 요나손식 소설이다." 참 닮아있다. 그리고 닮고 싶다. 당당함과 자신감, 그리고 저 여유로움을.

책장을 넘기면서 그런 생각을 참 많이 했다. 어쩌면 '나이 때문에'라는 말이 가장 안전한 도피처는 아니었을까. 마치 어쩔 수 없게 된, 어떻게 해 볼 수 없는, 하늘이 허락하지 않았다는 뉘앙스를 풍기며 피할 수 있었던 유일한 도피처는 아니었을까.

하지만 앞으로 우리가 살아갈 현실은 만만하지 않다. 여자의 기대수명이 벌써 80세를 넘겼다고 들었다. 이미 우리는 100세, 운이 조금 넘치면 120세까지 살아야 하는 시대를 만나게 될 것이다. 준비가 필요하다. 그 나이를 맞이할, 그 나이를 살아갈 마음이 필요하다.

70세에 시니어 인턴십으로 재취업을 한 로버트 드니로와 30대 CEO 앤 하서웨이가 주인공인 영화 〈인턴〉. 그 영화에 보면 젊은 면접관 친구가 70세의 로버트 드니로에게 묻는다. "10년 후의 모습이 어떨 것 같나요?"

그 질문에 70세의 주인공 로버트 드니로는 되묻는다. "80세 말인가요?"

영화를 보는 동안 웃어넘겼지만, 우리가 받아들여야 할 미래의 모습이다. 70세가 되어 80세를 생각하는, 80세가 되어 90세를 생각해야 하는 미래를 우리는 맞이해야 한다.

『1도씨 인문학』이라는 책에 95세에 어학공부를 다시 시작한 노인의 이야기가 나온다. 65세까지 열심히 살고, 그 이후에는 '덤으로 산다.'는 마음으로 살아온 노인, 덤으로 살아온 인생이 30년을 지나 95세를 맞이한 그는 담담하게 고백한다.

"65세까지는 부끄럽지 않은 삶이었는데, 그 이후 30년의 시간은 너무나 부끄럽다. 그래서 95세인 지금, 다시 시작한다. 10년 후 105세가 되었을 때 아무것도 하지 않은 95세를 떠올리며 후회하고 싶지 않기 때문에."

그리스의 철학자 디오게네스는 물었다. 마라토너가 결승선이 보인다고 달리기를 멈춰도 되는지를. 결승선이 보이는 그 순간에도 마라토너가 달리는 것처럼 지금 당신이 해야 하는 것은 달리는 것이며, 나아가는 것이며, 살아가는 것이다.

가끔 삶이 헷갈리게 하고, 발걸음을 머뭇거리게 할 수도 있지만, 분명한 것은 삶은 계속될 것이고 당신은 살아야 한다. 앞으로 나아가야 한다. 한 걸음 더 내딛어야 한다. 당신이 몸을 움직여 고개를 돌리고, 걸음을 옮겼을 때, 다른 풍경을 볼 수 있다. 꼼짝하지 않고 풍경이 바뀌길 바란다면 영화관으로 가면 된다. 가서 가만히 앉아 다른 사람의 작품을 구경하면 된다.

하지만 당신이 원하는 것이 그게 아니라면, 움직여야 한다. 생각을 바꾸고 행동을 바꾸는 움직임이 필요하다. 나이 때문에 못 한다고 말하지 말자. 나이 때문에 힘들다고 말하지 말자. 나이 핑계 대지 말고, 나이에 주눅 들지 말자. 시도하고 또 시도하자. 아직 늦지 않았다.

그대, 스스로를 고용하라

- 간절한 사람은 변화한다.

『그대, 스스로를 고용하라』를 읽다 보면 스티브 잡스가 떠오른다. 스탠포드대학에서 졸업축사를 한 스티브 잡스의 유명한 연설. "계속 갈망하라, 여전히 우직하게Stay hungry, stay foolish."

심연에 잠들어있는 무엇인가를 건드리는 그의 연설은 강렬하다. 미래에 대해 말할 수 있는 사람은 없다. 미래는 알 수 없다. 그러나 미래에 대해, 스티브 잡스는 단언한다.

"미래는 알 수는 없지만, 분명 과거와 현재는 연결되어 있다. 미래는 '하늘에서 그냥 뚝 떨어진 사과'가 아니다. 사다리를 가져와 그 사다리를 타고 올라간 과거 그리고 나무에서 사과를 딴 현재. 그들이 만난 것이다."

과거에서 현재, 그리고 현재에서 나아간 지점, 그곳에 '미래'가 있다고 말한다. 스티브 잡스는 자신의 과거, 현재, 미래를 되돌아보면서 이렇게 말한다. "지금의 이곳으로 자신을 데려온 것은 자신이 선택한 일을 사랑하면서 살아온 힘, 그것이었다."라고.

다른 사람이 정의 내려주는 삶이 아닌, 타인의 소리로 만들어지는 삶을 경계하면서 철저하게 '자신을 믿는 삶'을 살다가 떠난 스티브 잡스. 이미 그는 떠났지만 메시지는 여전하다.

"한 번뿐인 자신의 인생이다. 자신의 삶을 살아라. 누구도 아닌, 스스로 삶을 선택하고 그 길을 나아가라. 계속 갈망하면서 우직하게 나아가라."

변화경영 전문가이며 변화경영 시인인 저자 구본형은 말한다.

"절박함이 있어야 변화한다. '현재'라는 한 점에서 '미래'라는 또 다른 한 점으로 움직이기 위해서는 변화가 필요하다. 지금의 모습이든, 상황이든, 태도이든 스스로에게 만족스럽지 않은 어떤 것이 있을 때, 그리고 그것을 바꿔보고 싶을 때 변화가 일어난다. 간절함, 절박함이 있을 때 변화는 더욱 빠르게 일어난다. 움직여야 한다. 지금 당장."

누군가 "움직여야 한다, 혹은 떠나야 한다."라는 말에 "당장 사표를 써야 하나?"라고 묻기도 하던데, 생각에만 그치지 말고 행동으로 옮겨보라는 의미로 해석하면 좋을 것 같다.

"지금 움직여야 한다."라고 말하는 구본형. 먼저 그가 어떻게 움직였는지, 그 이야기를 살펴보자.

그는 오랫동안 일하던 직장을 그만두기 전, 새벽에 2시간씩 글 쓰는 시간을 보냈다. 자신의 직장생활, 경력, 3년이나 5년 후의 미래의 모습, 즉 진짜 자신과의 대화를 시도했다. 누구보다 진지하게, 인생의 CEO가 되어 삶 전체를 점검했다.

'자신은 어떤 사람인지.'
'지금껏 어떻게 살아왔는지.'
'어떤 마음으로 살아가고 있는지.'
'절실히 원하는 것이 무엇인지.'
'이대로 3년 후, 10년 후 어떤 모습이 되어있을지.'

'직장인'이라는 한 점에서 '스스로 고용하는 자(스고자)'라는 다른 점으로의 이동을 위해 준비했다. 새벽 글쓰기 시간을 통해 진짜 자신의 참모습을 발견하기 위해 노력했다.

어떤 노력을 기울여왔는지. 어떤 태도로 살아왔는지. 현재로부터 이동하고 싶은 미래의 한 점이 무엇인지, 자기 자신과 격렬한 사투를 벌인다. 변화의 필요성을 인식하고, 생존으로 받아들이고, 절박함을 확인하는 시간. 애벌레에서 번데기, 나비로 진화하기 위한 담금질의 시간. 구본형에게 새벽 2시간은 그런 의미였다.

새벽 2시간 글쓰기를 통해 자신을 발견한 구본형은 당부한다. '지금 움직여야 한다.'는 말을 멋있게 사표 던지라는 의미로 이해하지 마라. 오히려 그것보다는 날카로운 질문을 받았다고 생각해라. 지금 담금질을 제대로 하고 있는지. 지금 하고 있는 것에서 의미를 발견해내었는지. 가치 있는 사람이 되기 위해 늘 깨어있었는지.

변화를 방해하는 가장 큰 걸림돌은 언제나 자기 자신이다. 자기 마음속에서 과거의 관계를 죽이지 않고는 새로운 관계를 시작할 수 없다.
알프레드 화이트헤드는 '어떤 사회의 문명이 진보하기 위해서는 그 사회가 거의 난파할 지경에 이르러야만 한다.'고 말했다.

나를 잃음으로써 나를 되찾는 것은 모든 지혜의 공통된 메시지이다. 개인의 혁명은 자신의 껍데기를 죽임으로써 가장 자기다워질 것을 목표로 한다. 자기가 아닌 모든 것을 버림으로써 자기로 새로 태어나는 과정이 바로 변화의 핵심이다.

그러므로 변화는 '변화하지 않는 핵심'을 발견하려는 열정이며, 그것을 향한 끊임없는 '움직임'이다. 죽음 역시 살아있는 사람들의 문제이다.
죽은 사람에게 죽음은 아무 의미가 없다. 죽음은 파괴적 창조이다.

'과거의 자신'을 죽이는 움직임이 필요하다. 알프레드 화이트헤드의 말처럼 난파할 지경에 다다라야 한다. 새가 알을 깨고 나오기 위해서는 세계를 깨뜨려야 한다. 표현만 다르게 할 뿐, 모두 같은 얘기이다. 필요한 것은 바로 '움직임'이다.

가끔 사람들은 묻는다. "새벽에 일어나 책을 읽고 글을 쓰는 것이 힘들지 않느냐?" 물론, 처음에는 힘들었다. 그러면서 스스로 질문도 많이 했다. '굳이 왜 그렇게까지 힘들게 사느냐?'라고. 사실 나 스스로도 '굳이 왜 이렇게까지 하는지.' 궁금할 때도 많았다.

이런저런 이유를 장황하게 설명하면서 피하고 싶을 때도 많았다. 하지만 5시쯤 일어나 눈도 제대로 떠지지 않는데 세수를 하고 창문을 열어 찬 공기를 온몸으로 맞으면서 잠을 깨웠다.

그럴 때마다 물었다. '왜 이렇게까지 힘들게 사느냐?'라고.
왜? 답은 한 가지였다. 간절함 때문이었다. 글쓰기가 좋았다. 글을 쓰는 시간. 마음이 오가는 시간. 비워지고 채워지는 시간. 그 시간이 좋았다.

글쓰기를 통해 나아가고 싶은 방향, 그 속에서의 선한 영향력. 그것이 심장을 뛰게 만들었고, 삶을 춤추게 만들었다. 글을 쓰는 시간 동안 스스로 살아있음을, 삶이 반짝이고 있음을 확인하는 것이 좋았다.

누군가를 위하는 삶이 아닌, '스스로 원하는 삶'을 위해 시작한 새벽 글쓰기. 그 시간들은 내게 한 점에서 또 다른 한 점으로의 이동을 허락했다. 스티브 잡스의 말처럼 스스로 선택한 것을 사랑하는 힘. 내게도 그것이 생긴 것이다.

많은 사람들은 말한다. 변화를 원한다. 바뀌고 싶다. 더 나아지고 싶다. 그러나 바람만으로, 생각만으로 변화하고 바뀌는 것은 없다. 변화에 대한 고통, 고통의 시간에 대한 적응과 인내가 필요하다.

그리고 하지 않았던 것을 하는, 하던 것을 멈추는 용기도 필요하다. 어떤 식으로든 의지가 필요하고 의지를 삶에 실천하려는 용기가 필요하며, 과정에서의 고통도 받아들여야 한다. 한 점에서 또 다른 한 점으로의 이동은 그리 만만하지 않다.

변화를 원하는가? 그렇다면 당신이 변해야 한다. 지금까지의 익숙한 선택에 변화를 줘야 한다. 지금과 다른 모습을 원한다면, 지금까지와 다른 선택을 해야 한다.

당신 자신에게 질문을 던져라. 변화를 원한다고 말하면서, 익숙하고 편안한 것만을 고집하지 않았는지. 변화를 원한다고 말하면서, 변화할 수 없는 이유를 들이밀지 않았는지. 변화를 원한다고 말하면서, 변화를 두려워한 것은 아니었는지. 돌직구도 던져봐라.

지금 괜찮아? 그럼, 이대로 계속 가면 돼.

지금 불만이야? 그럼, 지금처럼은 안 돼.

평범한 사람과 비범한 사람이 따로 있지 않다. 그들은 같은 사람이다. 달라진 것이 있다면 인생에 대한 태도뿐이다. 내가 아닌 남이 되는 것을 포기하는 그 순간부터 우리는 승리하기 시작한다. 비범한 사람은 자신의 체험으로부터 배운다.

자신의 재능을 알아내는 순간부터 그들은 화려하게 변신한다. 자기가 모든 근본적 변화의 시작이다. 돈에 투자하면 딸 때도 있고 잃을 때도 있다. 그러나 자신에게 투자하면 절대로 잃는 법이 없다.

모든 근본적인 변화의 시작은 바로 '자기 자신'이다. '변화'하고 싶은가? '지금까지의 삶'을 '지금까지와 다른 삶'으로 바꾸고 싶은가? 그렇다면 결정 내려야 한다.

지금의 당신은 '지금까지 당신이 선택한 삶의 결과물'이라는 사실을 받아들여라. 다른 누군가 혹은 다른 무엇에게로 책임을 넘기지 마라. 적극적으로 받아들이고, 적극적으로 수용해라. 앞으로 새롭게 일어날 모든 성과가 오로지 당신의 몫이 될 것이므로.

질문을 이어가보자. 지금까지 괜찮았는가? 지금도 괜찮은가? 앞으로도 이대로 가면 괜찮은가? 만약 괜찮지 않다면, 다른 소리가 들려온다면 눈치채야 한다. 익숙한 것들과 결별할 때가 되었구나. 배가 난파될 지경에 이르렀구나.

삶이 변화를 요구하고 있음이다. 다른 점으로의 이동을 준비해야 한다. CEO가 되어 점검해야 한다. 지금까지의 경험을 정리해봐야 한다. 어떤 것을 이루었는지, 어떤 것을 놓쳤는지, 무엇을 보면서 가슴이 뛰었는지, 무엇에 집중했는지.

지금부터 찾아내고 발견해야 한다. 변화는 '자기 자신을 아는 것'에서부터 시작한다. 잊지 마라. 너 자신을 알라. 이건 정말 그냥 던지는 말이 아니다.

나는 1년 만에 책을 한 권 펴냈다. 이것은 나에게는 매우 중요한 일이었고 작은 성취였다. 책을 쓰는 동안 나는 열정을 되찾았고 즐거웠지만 또한 고단하기도 했다. 무엇보다 나는 내가 살아 있다고 느꼈다. 나는 내가 가고 있는 길이 내가 원하는 미래로 통하는 길임을 의심할 수 없었다.

또 1년이 지났고 또 한 권의 책을 내었다. 나는 이 작은 성취를 통해 한 회사의 경영 혁신 팀장에서 영향력 있는 '변화 경영 전문가'의 길로 들어서고 있음을 스스로에게 확인시켜 줄 수 있었다. 그리고 회사를 나올 수 있었다.

또 1년이 거의 지나고 두 권의 책을 더 낼 수 있었다. 비전을 향해 움직이고 있음을 확인할 수 있는 확실한 말뚝들을 6개월 내지 1년 단위로 박아두면 변화를 중단할 수 없다.

변화, 움직임에 대한 부담감이 크게 느껴진다면, 버킷리스트가 어렵게 느껴진다면 6개월, 1년 단위로 작은 성취를 맛볼 수 있는 일을 도전해라. 큰 종이에 그림 그리는 것이 어렵다면, 작은 도화지에 여러 번 그려보면 된다. 알을 깨기 위해서는 무엇보다 '부리로 알을 쪼는 움직임'이 필요하다.

'부리로 알을 쪼는 일'이 익숙하지 않아 어렵게 느껴질 수도 있다. 작심삼일밖에 하지 못했다고, 의지가 부족하다며 속상해할 수도 있다. 단번에 성공하면 좋겠지만, 쉽지 않을 수 있다. 인정하고 출발하자. 가다가 넘어질 수도 있다. 되는 날도 있고 안 되는 날도 있다.

익숙한 것들과의 결별은 결코 쉽지 않다. 그것은 당연하다. 중요한 것은 멈추지 않는 것이다. '넘어질 것 같은 두려움'에도 주저하지 않고 나아가는 것이다. 어쩌면 중요한 것은 넘어진 것보다 넘어진 다음이다. 넘어진 다음, 다시 일어서면 되는데, 넘어질 것이 두려워 아예 출발조차 하지 않는 것. 그것을 더 두려워해야 한다.

3일째 주저앉았다면, 4일째에 다시 일어나면 된다. "바위에 구멍을 내는 것은 물의 힘이 아니라 바위를 두드린 물의 횟수다."라는 말을 잊지 말자. 두드려라. 두드림의 힘을 믿어라. 당신은 할 수 있다. 당신이 원한다면, 당신은 도달할 수 있다. 당신을 믿어라.

이즈ㅔ까지 했었지만
오늘 하지 않는 것
이즈ㅔ까지 안했지만
오늘 하고 있는 것

스물일곱, 이건희처럼

- 진짜 공부, 지금부터 시작이다.

『스물일곱, 이건희처럼』은 『독서천재가 된 홍대리』를 비롯하여 『꿈
꾸는 다락방』, 『리딩으로 리드하라』, 『생각하는 인문학』 등 자기계발
에서 나아가 인문학까지 많은 베스트셀러를 만들어낸 이지성 작가의
책이다.

나는 이 책을 읽는 독자들이 마지막 장을 덮고 난 뒤 이렇게 말할 수 있었으면 좋
겠다.
"나는 이건희를 배웠다!"
이건희에 대한 책을 쓰겠다고 했을 때 주변의 모든 사람들이 말렸다.

왜 하필 이건희처럼 논란이 많은 인물을 쓰려고 하느냐, 당신의 의도가 아무리 좋
다고 해도 그것을 사람들이 어떻게 알겠는가, 많은 사람들이 책 제목만 보고서 당신

이 삼성에게 뭔가 단단히 받아먹었을 거라고 생각할 것이다 등등.

설상가상으로 책의 목차를 열심히 구상하고 있는데 이건희가 삼성 회장에서 물러났고, 피고인의 신분으로 법정에 섰다. 게다가 출판사에 이런 소식을 전해왔다. 삼성에 이건희 회장 관련 자료와 사진 협조를 구했더니 심히 부정적으로 반응했다는. 정말이지 나는 벼랑 끝에 몰린 심정으로 이 책을 썼다.

많은 걱정을 했을 이지성 작가에게 지금이라도 말해주고 싶다. 덕분에 '이건희'라는 사람을 배울 수 있었다. 스스로 발전하고, 성장하고 싶은 관점에서 바라본 『스물일곱, 이건희처럼』은 충분한 의미를 지니고 있었다.

삼성그룹이라는 커다란 나무의 그늘이 아닌, '초삼류 기업'을 '초일류 기업'으로 만들기 위해 노력한 기업가의 고뇌와 선택, 그리고 노력들. 가볍게 느껴지지 않았다.

삼성이 국내가 아닌 세계에서 알아주는 일류가 되기 위해 이건희가 선택했던 행동과 결과들. 어떻게 쉽게 평가할 수 있을까. 삼성그룹에 대해, 이건희에 대해 '그러했기 때문에'가 아닌 '그렇게 되기 위해' 노력한 흔적을 발견하는 느낌이 좋았다.

『스물일곱, 이건희처럼』이 책은 자기계발서이다. 자신을 변화시키고, '성공적인 삶을 살고 싶은 사람'들을 위한 책이다. 즉, 사고방식이나 생각의 변화를 일으켜 행동의 변화를 유도하고 나아가 삶의 변화를 일으키게 하는 것. 이것이 최종 목적지이며 방향이다.

삼류기업을 일류기업으로 만들고 싶다는 생각의 변화. 그리고 일류기업이 되기 위해 기울인 행동들. 일류기업을 꿈꾸며 세상을 향해 화살을 조준하며 기울인 노력들. 결코 쉽지 않았을 것이다.

현실적인 어려움, 난감한 상황, 가능성에 대한 주변의 부정적인 시선들. 모든 것들이 압박이고 부담이었을 것이다. 불가능하다, 어렵다, 힘들다. 수많은 조언이 삼성을 위한다며 속삭였을 것이다.

그럼에도 불구하고 이건희는 시도했다. 나아갔다. 노력했다. 이런 저런 두려움을 제쳐두고, 죽음이 목전에 다다른 사람처럼 덤벼들었다. 이번이 아니면 안 되는 사람처럼, 할 수 있는 모든 방법을 동원했다.

1993년은 이건희 자신이 파격적으로 변화한 해다. 구체적으로 살펴보자.

1) 1993년 1월, 신년사를 통해 그룹 전체가 지금 당장 변화하지 않으면 삼성은 곧 망한다는 식의 충격적인 메시지를 전달했다.

2) 1993년 2월, 삼성 그룹 사장단을 이끌고 로스앤젤레스로 날아가서 '전자부품 수출품 현지비교평가회의'를 열었다. 세계 일류 제품들과 삼성 제품을 나란히

놓고 비교하는 자리였다. 말이 비교지, 세계 일류 기업들과 비교할 때 삼성이 얼마나 수준 낮고 초라한 제품을 만들어내는가 철저하게 깨닫는 '자기비판의 자리'였다.

이건희는 회의를 열기 전에 사장단을 데리고 세계 각국의 전자제품이 전시돼 있는 전자제품 매장을 들러서 삼성 제품이 뽀얀 먼지를 뒤집어쓴 채 구석에 처박혀 있는 모습을 보여주는 것을 잊지 않았다.

3) 1993년 3월, 삼성 임원진을 도쿄로 데리고 갔다. 삼성 제품이 LA에서와 마찬 가지로 도쿄에서도 천덕꾸러기 취급을 받고 있음을 보여주기 위해서였다.
   이건희는 도쿄에서 삼성 임원진을 데리고 무려 12시간 동안 토론을 벌였다.

4) 1993년 6월, 프랑크푸르트에서 삼성 신경영을 출범시켰다.

5) 1993년 6월 7일부터 8월 4일까지 런던, 오사카, 후쿠오카, 도쿄를 오가면서 임 직원들과 해외간담회를 가졌다.

6) 대학, 기관, 매스컴 등에 나가서 강연과 인터뷰를 했다.

1993년 이전의 이건희는 '은둔형 경영자'라고 불릴 정도로 임직원들 앞에 잘 나서 지 않았다. 그러나 1993년의 이건희는 전혀 달랐다. 임직원들에게 카리스마를 유감 없이 보여주었는가 하면, 한번 입을 열면 8시간, 16시간씩 의견을 쏟아냈다. 사회적 으로도 이슈가 되는 발언과 행보를 계속해서 '이건희 신드롬'을 만들어낼 정도였다.

이건희는 그 정도로 충격적인 변화를 보여주었다.

이건희의 변화는 곧 삼성의 변화로 이어졌다. 여기서 특기할 점은 이건희는 1993년이 아니라 회장에 취임한 1988년부터 신경영을 외쳤다는 것이다.

이지성은 말한다. "현실감각, 성공관념 그리고 진짜 공부가 필요하다."

현실감각. 현실을 제대로 바라봐야 한다. 상황을 제대로 봐야 한다. 어떤 상황에 놓여있는지, 어떤 방향으로 나아가고 있는지. 앞으로 어떤 일이 예상되는지 감각을 키워야 한다.

지금까지의 모습, 그리고 지금, 앞으로의 모습을 그려봐야 한다. 과거를 보면 현재를 알 수 있고, 현재를 보면 내일을 알 수 있다. 지금 무엇을 하고 있는지, 하고 있는 것이 무엇인지 살펴봐야 한다. 방향은 맞는지, 놓친 것은 없는지 살펴야 한다.

그리고 방향이 틀렸을 때는 과감하게 방향키를 돌릴 수 있어야 한다. 아니, 그래야만 한다.

성공관념. 성공에 대한 확신도 필요하다. 현실을 파악했다면 남은 것은 감각의 극대화다. 현실 분석을 통해 감각을 극대화해야 한다. 동원할 수 있는 모든 방법을 동원하여 당신의 신념을 극대화시켜야 한다. 할 수 있다. 하면 된다. 신념을 가지고, 결과가 될 만한 원인에 힘을 모아야 한다.

집중해야 한다. 몰입해야 한다. 뿌린 것이 있어야 거두는 것이 있다. 성공을 가져올 만한, 성과를 가져올 만한, 원인을 만들고 꾸준히 쌓아가야 한다. 성공은 '지나온 것'이 아니라, '쌓아온 것'에 관심을 가진다.

마지막으로 진짜 공부. 태도의 관점이다. 인생을 성공적으로 살아가기 위해 어떤 태도가 필요한지, 무엇을 지키고 무엇을 버려야 하는지, 염두에 두고 살아가야 한다. 즉, 늘 깨어 있어야 한다. 새로워져야 한다. 날마다 거듭나야 한다.

받아들이고, 배우고, 걸러내는 배움의 자세를 잊지 말아야 한다. 앞으로의 시대는 지금까지의 시대보다 더 격동적이고 역동적일 것이다. '배움의 태도'는 필수가 될 것이다. 잊지 말자. 평생 배워야 한다. 평생 배우고, 평생 익히고, 평생 걸러야 한다.

멈추면 비로소 보이는 것들
- 멀리 가고 싶다면, 함께 가자.

『멈추면 비로소 보이는 것들』

한국인 최초 대학교수라는 특별한 순간을 살아가고 있는 혜민스님. 그의 가르침에 따라 잠시 멈추어 바라본다. 호흡을 가다듬어본다. 그리고 들여다본다. 지금 이 순간을.

강연체험카페 클럽 공감. 혼자 집에서 책을 읽고 글을 쓰다가 세상 밖으로 나온 지 1년을 조금 더 넘겼다. 처음에는 글을 쓰면서 보내는 작업실 정도로 시작했는데, 지금은 강연과 체험, 독서모임 외에 다양한 동아리 수업이 진행되고 있다.

잠깐, 멈추어 서서 공감을 찾는 이들을 떠올려본다.

영어 선생님에서 세라믹 핸드페인터로 새롭게 출발한 공감지기 Justine.

낯선 땅에서 당당하게 자신의 삶을 개척하고 있는 서리.

공감을 시작할 때, 누구보다 기뻐해주었던 공감 지원군 명랑아줌마.

육아의 어려움에도 1년간 자신과의 약속을 지키기 위해 노력한 JY.

공감을 통해 많은 도움을 받았다며 누구보다 공감을 아껴주시는 엘레강스님.

용기와 자신을 믿는 마음으로 세상을 향해 도전을 거듭하고 있는 kate.

공감 덕에 더 많은 용기를 배웠다며 공감을 지켜주는 J3.

알고 지낸 시간도 길었지만, 공감을 통해 더 많은 것을 나누게 된 HJ.

책을 좋아하는 사람이 되어 기쁘다고 말해 독서모임 소나무를 빛나게 한 황진이.

더 빨리 세상에 나올 수 있도록 적극적으로 응원해준 까시님.

누구보다 공감을 긍정하고, 지지해주는 든든한 好수님과 마야님.

다른 엄마들은 안 만나도, 공감지기들은 만나라고 얘기해주시는 김선생님.

옷깃만 스쳐도 인연이라고 했는데, 한식구가 된 미소와 소녀님.

'배움의 자세'로 살아야 한다는 것을 몸으로 보여주시는 홍선생님.

삶을 축제처럼 채워가는 소소님과 행복맘님까지.

그 외에도 많은 얼굴들이 생각난다.

그들과 함께한 지나온 시간들도 떠오른다. 공감에서의 시간이 늘어나고, 사람들과 함께 보내는 시간이 많아지면서 예전보다 책을 읽고, 글을 쓰는 시간은 줄어든 게 사실이다. 거기에 '책'을 좀 더 친숙하게 만들어주고 싶다는 바람으로 시작한 책 강연 덕분에 더 바빠진 것도 사실이다.

그래서 가끔 의문이 생기는 날도 있다. 왜 이렇게 분주하게 살까. 왜 이렇게 바쁘게 살까. 이런 속마음을 눈치챘는지, 혜민스님이 말을 건네 온다.

'내가 도대체 뭐하는 사람이지?' 이게 뭐하는 건가 싶을 때도 사실 있어요. 내가 진정 승려가 맞나, 승려가 이렇게 정신없이 분주하게 살아도 되나, 싶을 때도 있고요. 하지만 곧 알아차리게 됩니다. 세상이 바쁜 것이 아니고. 내 마음이 바쁜 것이라는 사실을.

세상은 세상 스스로가 '와! 나 참 바쁘다!'라고 불평한 일이 없다는 사실을. 결국 내 마음이 쉬면 세상도 쉬게 될 것이라는 것을. 그리고 이렇게 바쁘게 사는 내 자신을 더 가만히 들여다보니 알 수 있었습니다.

내 삶이 이토록 바쁜 까닭은 내가 바쁜 것을 원하고 있기 때문입니다. 정말로 쉬려고 한다면 그냥 쉬면 되는 것입니다. 어디선가 부탁이 들어와도 거절하면 되는 것이고, 그 거절을 못 하겠으면 핸드폰을 꺼놓으면 끝인 것입니다.

그런데도 그러지 못하고 바쁜 일정 속으로 나 스스로를 밀어 넣는 것은, 내 마음이 어느 정도는 바쁜 것을 즐기기 때문입니다. 저에게는 저를 필요로 하는 사람들을 만나서 조금이라도 도움을 주는 것이 큰 기쁨이고 행복이기 때문입니다.

독서모임 「소.나.무」는 '소리를 나누는 무리'라는 뜻으로 공감과 함께 시작한 독서모임이다. 사실 시작할 때, 걱정스러운 마음도 많았다. 스스로 부족하다는 느낌도 컸고, 마음만 앞선 것이 아닌가 싶어 걱정이 많았다. 준비를 더 해야 하지 않을까 고민도 많았다.

단순히 책이 좋다고, 함께 나누고 싶다고 덤벼들 일이 아니라는 생각도 들었다. 책을 통해 희망을 발견하고 삶을 응원해주고 싶다는 마음만으로 해결될 것 같지 않았다. 거기에 '대화와 토론의 장'이라는 독서모임에 대한 틀도 부담스러웠다.

하지만 어느 날, 가만히 들여다보았다.

「소.나.무」를 통해 원하는 것이 무엇인지, 함께 나누고 싶은 것이 무엇인지. 지식이나 공부가 목적이라면 다른 곳으로 가면 된다. "진심은 통한다."는 말처럼 책 이야기를 나눌 수 있고, 책을 가까이하게 된다면 그것으로 충분하지 않을까.

오로지 '진심은 통한다.'는 마음으로 시작했다. 독서모임 「소.나.무」 책을 정하면 부담스러울 것 같아 책을 선정하지도 않았다. 원하는 것은 '책을 가까이하게 만들겠다는 것'이었다. 책이 친구가 될 수 있고, 스승이 될 수도 있다는 것을 느끼게 해주는 것이었다.

일주일 동안 개인적으로 읽은 책을 소개하고, 다른 사람의 책 이야기를 듣는 방식으로 진행하는데, 책을 읽어오지 못한 사람도 참가할 수 있다. 책을 궁금해하는 마음만 있다면, 누구나 참가할 수 있다. 경청 속에서도 배움은 일어난다.

「소.나.무」를 시작하고 얼마 되지 않았을 때였다. 소나무 큰언니인 엘레강스님이 한 분, 한 분에게 손 편지를 선물한 적이 있다. 책을 읽다가 '소나무 회원들에게 도움이 되지 않을까.' 하는 마음으로 각자에게 도움이 될 만한 글을 적어온 것이다. 그때 내게 전해준 글이 있었는데, 바로 이것이었다.

일을 처음 시작하려 할 때, 남들보다 더 잘하려고만 하니 겁이 나는 것입니다.
남들보다 더 잘하려 하지 말고 그냥 열심히 하려고 하십시오. 아주 잘하지는 못해도 열심히만 한다면 당신의 진정성에 감동해서 당신을 이해하고, 또 사람들이 곁에서 당신을 도와줍니다.

우리는 첫술에 배가 부르길 원하죠.
첫 장사를 시작하거나 첫 책, 첫 음반, 첫 영화, 첫 전시회부터. 하지만 아쉽게도 그런 기적은 없습니다. 원인 없는 결과가 없듯 치밀한 분석과 노력, 그리고 연륜에서 나오는 내공이 없다면 어떤 일도 저절로 이루어지지 않습니다.

편지에 적혀있던 글자들이 일어나 하나씩, 하나씩 나에게 걸어왔다. 진정성. 원인 없는 결과는 없다. 치밀한 분석과 노력, 연륜에서 나오는 내공이 필요하다. 어떤 일도 저절로 이루어지지는 않는다.

삶이 필요로 하는 것은 비슷한 것 같다. 우리 모두 각자의 방식으로 열심히 살아간다. 하지만 그렇게 열심히 살다가도 힘든 날이 생기고, 부러운 날은 생기기 마련이다. 그리고 부러움은 순식간에 스스로를 부족한 사람, 혹은 모자란 사람으로 몰고 간다.

나는 왜 이럴까, 나는 왜 이것밖에 되지 않을까, 나는 왜 가지지 못한 걸까. 스스로 부족해하는 모습, 답답해하는 그런 모습에 대해 혜민스님은 위로한다.

인생은 자장면과도 같습니다.
텔레비전에서 자장면 먹는 모습을 보면 참 맛있어 보이는데 막상 시켜서 먹어보면 맛이 그저 그래요. 지금 내 삶보다 다른 사람의 삶을 부러워해도 막상 그 삶을 살아보면 그 안에도 나와 별반 다르지 않은 고뇌가 있습니다. 그러니 어떤 사람을 보고 부러운 마음이 생기면 '남이 먹는 자장면이다!'라고 생각하세요.

누가 혜민스님에게 "법정스님처럼 큰스님 되세요."라고 말하니 혜민스님이 "저는 법정스님이 아닌 혜민스님 될래요."라고 말한다.

혜민스님은 말한다. 다른 누군가가 되려고 애쓰지 말고, 온전한

'당신의 삶'을 살아가세요. 다른 사람이 가진 것에 집중하지 말고, '당신이 가진 것'에 집중하세요. '당신이 할 수 있는 것'에 몰입하세요.

꿈은 크게 꾸더라도, 작은 생각이나 행동을 절대 소홀하게 대하지 말자. 생각이 말이 되고, 말이 행동이 되고, 행동이 습관이 되고, 습관이 운명을 만든다. 작은 생각이 작은 행동을 만들고, 작은 행동이 모여 큰 행동을 꿈꾸게 한다. 당신이 가진 작은 것, 결코 가볍게 대하지 말자.

집중만 하면 전화번호부 책도 재미가 있어요. 삶에 재미가 없는 것은 내가 지금 내 삶에 집중하지 않았기 때문입니다. 생각은 크게 하고 실천은 작은 것부터 하십시오. 왜냐하면 작은 생활의 변화에서 큰일을 해낼 수 있는 인연이 만들어지기 때문입니다.

예를 들어, 영어를 잘하고 싶으세요? 신문에 있는 오늘의 생활영어부터 외우세요. 건강을 좀 더 챙기고 싶으세요? 잠을 평소보다 한 시간 일찍 주무세요. 살 빼고 싶으세요? 오늘부터 밤참 금지입니다. 중요한 컴퓨터 작업을 해야 하나요? 그러면 컴퓨터 방 청소부터 하세요.

어떤 생각을 하는가가 말을 만들고, 어떤 말을 하는가가 행동이 되며, 반복된 행동이 습관으로 굳어지면 그게 바로 인생이 되는 것입니다. 그러므로 처음에 어떤 생각을 일으키고 어떤 행동을 하는가가 아주 중요합니다.

"혼자서 도 닦는 것이 무슨 소용인가. 함께 행복해야지."라며 세상과의 소통을 시도하는 혜민스님. 생각은 우주를 품에 안은 사람처럼, 사랑은 간격을 지니고 서 있는 나무처럼, 삶은 수행자처럼, 머리에서 가슴으로, 가슴에서 발로 내려오는 삶을 노래하는 혜민스님. 그에게서는 하늘냄새가 난다.

성숙한 사람이 되기 위해서는 내 앞에 있는 분 역시 나와 마찬가지로 행복을 추구하는 똑같은 사람이라는 생각으로 가끔은 내가 옳다고 생각하는 것도 내려놓을 줄 아는 것이 필요합니다.

잊지 마십시오. 내가 옳은 것이 중요한 것이 아니고 우리가 같이 행복한 것이 훨씬 더 중요합니다. 마음의 도화지에 원하는 삶을 자꾸 그리다 보면 어느새 그 그림이 살아서 뛰어나옵니다. 이왕이면 다른 사람과 내가 함께 행복해지는, 그런 최고로 좋은 그림을 자꾸 그리세요.

혜민스님이 가던 길을 멈추고 당신에게 묻고있다.
당신을 둘러싼 세상이 너무 바쁘다고 생각하나요?
잠깐 멈추고 들여다보세요.
지금 당신의 마음이 바쁜 것인지.
세상이 바쁜 것인지.

행복

나.

그리고 우리 함께.

니체의 말 "인생을 최고로 여행해라"

- 생애 최고의 날은 아직 오지 않았다.

니체의 철학 또는 독특한 사상은 칸트나 헤겔처럼 장대한 체계를 목표로 정리된 것이 아닌, 정열적인 문장으로 엮은 단편과 짧은 산문체가 많다. 편린과도 같은 짧은 글일지라도 니체의 발상에는 분명 마음을 사로잡는 매력이 있다.

가령 '인간의 육체는 커다란 이성이며, 정신이라 불리는 것은 작은 이성'이라는 대담한 발상은 분명 예술적인 매력으로 가득하다고 말하지 않을 수 없다.

칸트처럼 올곧은 철학자라면 자신의 설에 이유를 설명하고 철학의 골자로 삼았겠지만, 니체는 그 같은 발상을 아무렇지 않게 던져 버렸다. 그런 점에서 보면 니체는 철학자라기보다는 예술가에 가깝다고 할 수도 있을 것이다.

니체는 종교의 무엇이 싫었던 것일까? 대개 종교라고 하는 것은 한결같이 피안,

즉 신이나 사후 세계, 무한성에서 도덕의 잣대를 구하고자 했기 때문이다. 그러나 니체는 피안이 아닌, 지금 이 세상을 살고 있는 인간을 위한 도덕이 필요하다고 생각했다.

그리하여 니체의 사상은 '삶의 철학'이라고 불리고 있다.

프리드리히 빌헬름 니체 Friedrich Wilhelm Nietzsche

(훗날 그는 자신의 이름에서 '빌헬름'은 떼고 사용했다고 한다)

난해하고 어려운 방식이 아닌, 마치 자신의 책 제목처럼 『인간적인 것, 너무나 인간적인 것』을 향해 끝없는 질문을 던진 니체. 사랑하는 손자에게 영감을 주고 싶은 할아버지처럼, 삶에 대한 의지와 날카로운 통찰력을 담은 니체. 그가 사유의 바다로 당신을 인도한다.

오히려 맨 먼저 자신을 존경하는 것부터 시작하라. 아직 아무것도 하지 않은 자신을, 아직 아무런 실적도 이루지 못한 자신을 인간으로서 존경하는 것이다. 자신을 존경하면 악한 일은 결코 행하지 않는다.

자신의 인생을 완성시키기 위해 가장 먼저 스스로를 존경하라.

니체는 우리에게 조언한다. 인생을 완성시키기 위해서 가장 먼저 해야 할 일은 스스로를 존경하는 일이다. 스스로를 존경해야 한다. 가슴이 벅차오르는 표현이다. 존경, '누군가를 존경해야 한다.'고 배웠지, '자기 자신을 존경해야 한다.'고 배우지 못했다. '자신을 존경해야 한다.'는 말에 의지가 솟구치는 느낌이다.

누구든지 한 가지의 능력은 가지고 있다. 그 하나의 능력은 오직 그만의 것이다. 그것을 일찌감치 깨닫고 충분히 살려 성공하는 사람도 있고, 자신의 한 가지 능력 즉 자신의 본성이 무엇인지 모르는 채 살아가는 사람도 있다.

자신의 힘만으로 그 능력을 찾아내는 사람도 있고, 세상의 반응을 살피며 자신의 본성이 무엇인지를 끊임없이 모색하는 사람도 있다. 틀림없는 사실은, 어떠한 경우라도 주눅 들지 않고 씩씩하고 과감하게 그리고 꾸준히 도전해 나가면 언젠가는 자신만이 가진 한 가지 능력을 반드시 깨닫게 된다는 것이다.

습관처럼 자주 했던 말이다. 그런데 지금 그 말을 니체가 대신하고 있다. 그 사실이 감사하다. 시작하는 것을 두려워하는 사람들. 길 위에서 길을 묻는 사람들. 그들에게 니체는 말한다. 끊임없이 나아가라. 꾸준히 도전해라.

당신의 힘으로 발견한 것이든, 세상의 반응 속에서 발견한 것이든, 주눅 들지 말고, 과감하게 나아가라. 하나씩, 하나씩. 쌓아가라. 그러면 된다. 그러면 도달하게 된다. 반드시.

과거에는 틀림없는 진실이라 생각했던 것이 지금은 잘못된 것으로 여겨진다. 과거에 이것만큼은 자신의 확고한 신조라 여기던 것이 이제는 아닐지도 모른다는 생각이 든다.

그 같은 변화를 자신이 어려서, 깊이가 없어서, 세상을 몰라서라는 이유로 그저 묻

어두지 마라. 그 무렵의 당신에게는 그렇게 사고하고 느낄 필요가 있었기 때문이다. 당시의 수준에서는 그것이 진리요, 신조였다. 인간은 늘 껍질을 벗고 새로워진다.

그리고 항상 새로운 생을 향해 나아간다. 그렇기에 과거에는 필요했던 것이 지금은 필요치 않게 되어버린 것에 불과하다. 그러므로 스스로를 비판하는 것, 타인의 비판에 귀 기울이는 것은 자신의 껍질을 벗는 일과 다름없다. 한층 새로운 자신이 되기 위한 탈바꿈인 것이다.

지나온 시간을 아름답거나 혹은 '더 잘해낸 것들'로 채웠더라면, 얘기가 달라졌을지도 모른다. 지금과 다른 특별한 성과, 주목할 만한 결과를 만들었을지도 모른다. 굳이 들어가지 않아도 되는 진흙범벅의 경험을 얻지 않았을 수도 있다.

하지만 '경험'이라는 것이 그 순간에 모든 가치가 결정되는 것은 아니다. 경험을 배움으로 인식하고, 새로운 결과를 만들어내는 동안, 경험은 '순간'이 아닌, '생명'을 부여받는다. 삶 전체를 관통하는 배경 화면으로 태어나게 된다.

분명 체험은 중요하다. 체험에 의해서 사람은 성장할 수 있다. 그러나 갖가지 체험을 많이 했다고 해서 다른 사람보다 무조건 훌륭하다고 말할 수는 없다. 비록 많은 체험을 했을지라도 이후에 그것을 곰곰이 고찰하지 않는다면 무용지물이 될 뿐이다.

어떤 체험을 하든지 깊이 사고하지 않으면, 꼭꼭 씹어 먹지 않으면 설사를 거듭하게 된다. 결국 아무것도 배우지 못하며 무엇도 자신의 것으로 만들지 못한다.

곰곰이 떠올려본다. 무엇을 배웠는지, 무엇을 느꼈는지, 그리고 무엇이 달라졌는지. 다른 것 같으면서 닮아있는 경험들. 그것을 반복했던 이유. 그 이유를 떠올려 본다. 무엇이 부족했던 것일까. 무엇을 놓쳤던 것일까.

그래, 경험. 그 자체가 어떤 새로운 결과를 만들어내지는 못한다. 경험은 경험이다. 그러나 경험을 통해 새로운 생각이나 태도가 생겨나고, 그것이 다른 결과의 뿌리로 쓰일 때, 경험은 가치를 얻게 된다. 경험만큼이나, 경험에 대한 의미를 재해석하는 과정이 중요한 이유, 바로 여기에 있다.

자신에게 시련을 주어라. 아무도 모르는, 오직 증인이라고는 자신뿐인 시련을. 이를테면 그 누구의 눈에도 띄지 않는 곳에서 정직하게 산다. 혼자 있는 경우라도 예의 바르게 행동한다. 자기 자신에게조차 티끌만큼의 거짓말도 하지 않는다.

그 수많은 시련을 이겨냈을 때, 스스로를 다시 평가하고, 자신이 고상한 존재라는 사실을 깨달았을 때 비로소 사람은 진정한 자존심을 가질 수 있다. 이것은 강력한 자신감을 성사한다. 그것이 자신에 대한 보상이다.

타인의 신뢰를 얻고자 한다면 말로 자신을 강조할 것이 아니라, 행동으로 보여주는 수밖에 없다. 피할 수도 물러설 수도 없는 상황에서의 진실하고 흔들림 없는 행동이야말로 타인의 믿음에 호소할 수 있다.

'시련은 있어도 실패는 없다.'는 말처럼, 니체는 시련을 긍정한다. 어쩔 수 없는 상황으로 맞이한 시련뿐만 아니라, '스스로를 어렵게 만드는 시련'을 높이 평가한다. 강력한 자신감은 진정한 자존감에서 나오고 자존감은 스스로를 존경할 수 있을 때 생겨난다. 자신의 것이 더욱 단단해지고, 스스로를 더욱 존경하게 만드는 시련, 우리에게 필요한 이유이다.

대부분의 독서는 많은 유익함을 가져다준다.

특히 고전은 자양분으로 충만해 있다. 옛 서적을 읽는 것으로 우리는 지금의 시대에서 멀리 날아갈 수 있으며, 완전히 낯선 외국의 세계로 갈 수도 있다. 그런 뒤 다시 현실로 돌아왔을 때 무슨 일이 일어날까.

현대의 전체적인 모습이 지금까지보다 더욱 선명히 보인다. 이렇게 우리는 새로운 시점을 가지고 새로운 방법으로 현대를 접할 수 있게 된다. 막다른 길에 서 있다고 느낄 때 읽는 고전은 지성의 고양에 특효약이다.

독서를 통해 진실하고 흔들림 없는 행동을 유지할 수 있다. 니체는 독서, 나아가 고전을 긍정한다. 만약 누군가 고전에 대한 부담감을 얘기한다면, 책 읽기, 그 자체를 권하고 싶다.

책 읽기. 한 번이라도 시도해보았으면 좋겠다. 『일독일행 독서법』이라는 책 제목처럼 한 권의 책 속에 하나의 배움을 찾을 수 있다. 익히 들어서 알고 있겠지만, '책 읽기'를 통해 삶을 변화시킨 사람들이 생각보다 많다.

스스로의 삶을, 책 읽기 전과 후로 나누는 사람이 상당하다. 그들은 입을 모아 말한다. 책 속에 길이 있다. 존경받거나 혹은 성과를 이루었거나, '더 나은 사람'으로 평가받고 있는 이들, 그들은 손에서 책을 놓지 않는다.

'책 속에 길이 있다.'는 말이 부담스럽게 느껴질 수도 있겠지만, 진짜다. 지금도 늦지 않았다. 그들에게 초대장을 보내어 당신의 테이블로 초대해라. 음식을 잘 차리거나, 화려한 복장도 필요하지 않다. 약간의 시간과 약간의 노력만 기울이면 된다.

그들은 궁금해한다. 당신이 어떻게 살고 있는지, 당신이 무엇을 하고 있는지. 그들에게 질문하고, 그들의 대답에 귀 기울여라. 당신이 진심이라면, 분명 그들도 당신에게 진심을 보여줄 것이다.

지금 이 인생을 다시 한 번 완전히 똑같이 살아도 좋다는 마음으로 살라.

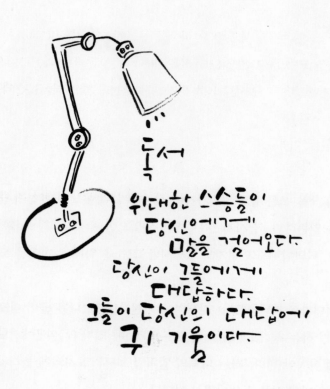

위대한 스승들이
당신에게
말을 걸어온다.
당신이 그들에게
대답한다.
그들이 당신의 대답에
귀 기울인다.

"모든 것의 시작은 위험하다.
그러나 무엇을 막론하고, 시작하지 않으면 아무것도 시작되지 않는다."

– 프리드리히 니체

이 책을 쓰는 동안, 한 가지에 집중하기 위해 노력했다. 누군가 이 책을 읽는다면, '끝까지 읽는 책'이 되었으면 좋겠다. 긴 호흡이 필요했고, 막막함에 고민하기도 했었지만, 그것을 위해 온 마음을 모았다.

어딘가로 떠나 새로운 환경이 주어진다면 '더 나은 글이 나오지 않을까.' 하는 생각도 해봤지만 "누구의 눈에 띄지 않는 곳에서도 정직하게 살아야 한다."라는 니체의 말처럼, 다시 그 자리에 눌러앉았다. 인내심과의 사투를 벌이면서 견뎠다.

감당해야 했다. 두 아이의 엄마라는 역할을. '보다 나은 사람'이 되기 위해 시작한 공감에서의 활동도 지켜야 했다. 새벽 글쓰기 시간, 포기할 수 없었다. 간절했기 때문에 감당해야 했다. 아니, 무엇보다

스스로에게 당당하려면, 이 방법밖에 없었다.

다른 많은 사람들이 현실의 무게를 감당하면서 살아가고 있는데 힘들다고 투정 부릴 수 없었다. 투정 부릴 것 같았으면 혜민스님 얘기처럼 시작하지 않았어야 했다. 하지만 시작했다. 힘이 들어도 살아 있는, 가슴 뛰는 삶을 놓치고 싶지 않아서.

이번 책은 블로그에 올렸던 책 리뷰를 편집하고 재정리한 것이다. 처음 블로그에 리뷰를 올리면서 '책을 주제로 출간해야지.'라는 생각 조차 못했다. 그저 책이 좋았고, 좋은 책을 나누고 싶었고, '독서를 권하고 싶은 마음'이 전부였다.

결국 작은 생각, 작은 마음으로 시작한 리뷰가 오늘과 같은 결과를 만들어 낸 것이다. 작은 생각, 작은 마음, 작은 시도에 대한 경이로움 을 새삼 느껴본다.

시작에 대한 두려움, 누구나 지니고 있다. 하지만 큰 꿈, 혹은 거 대한 결과를 기대하면 어떠한 시작도 할 수 없다. 그렇기에 작은 시 작을 권한다. 작은 경험을 귀하게 여기라고 말해주고 싶다.

나는 독서를 통해 배움을 이어왔다. 세상에 나를 태어나게 한 것이 부모님이었다면, 나를 깨어나게 한 것은 책이었다. 이제는 만날 수 없는 위대한 사람들과의 대화는 결코 돈으로 환산할 수 없는 가치를 내게 선물해 주었다.

책 속에 길이 있다. 책이 완벽한 길을 제시하는 것은 아니지만, 기준은 제시한다. 훌륭함으로 이르는 길에 대해. 인간다움에 대해. 더 나은 사람을 위하는 길에 대해. 어떻게 살아야 하는지, 무엇을 해야 하는지. 책은 되돌아보게 만들고, 나아가게 만든다.

작은 시작, 작은 행동의 가치를 소중하게 여기는 사람들을 응원한다. 두려운 마음에도 불구하고, 한걸음씩 나아가는 모습도 응원한다. 마음을 내는 일이든, 행동을 바꾸는 용기든, 작은 시작을 응원한다. 이 책이 조금이라도 그 마음을 증명하는 데 쓰이기를 희망해본다.

블로그에 마음을 남겨주었던 이들에게 고마움을 전한다. 그들이 있었기에 이번 시도가 가능했다. 또한 공감과 독서모임 「소.나.무」회원들에게도 마음을 전한다. 그들을 위한 시도였지만, 정작 가장 큰 도움을 받은 사람은 나였음을 밝힌다.

마지막으로 믿는 마음으로 지켜봐주시는 부모님께 고마움을 전한다. 그리고 '원클리니'를 세상에 탄생시키며 당당하게 '자신의 길'을 걷고 있는 남편과 "엄마, 힘들어도 포기하지 마."라며 손 편지를 건네줬던 두 아이들에게 사랑을 전한다.

"세상에 당연한 것이 없다."라는 말이 가슴에 박혔던 날이 기억난다. 그날, 나의 알은 깨어졌고, 세상은 눈부시게 아름다웠다. 그날의 나처럼, 이 책이 당신의 알이 깨지는 데 조금이라도 쓰임이 있기를 진심으로 희망해본다.

이번에 준비한 여행은 여기까지이다.
'작은 배움'이나 혹은 '새로운 생각'이 당신을 스쳐갔는지 모르겠다. 이제 나는 나의 테이블로, 당신은 당신의 테이블로 돌아가야 할 시간이다.

당신의 테이블에서 물을 마시든, 마시지 않든 그것은 당신의 몫이다. 하지만 나는 당신이 물을 마시기를 희망하며, 더 많은 갈증이 느껴지기를 희망한다. 그래서 더 많은 이들이 당신의 테이블에 초대되기를 희망한다. 내가 그러했듯, 당신도 그러하길 진심으로 희망해본다.

– 오늘은 '걸음'으로 기억하겠지만, 내일은 '길'로 기억될 것입니다.

『인생수업』, 엘리자베스 퀴블로 로스 · 데이비드 케슬러, 이레, 2006

『스물아홉, 1년 후 죽기로 결심했다』, 하야마 아마리, 예담, 2012

『살아온 기적, 살아갈 기적』, 장영희, 샘터, 2009

『마법의 순간』, 파울로 코엘료, 자음과모음, 2013

『인생의 중요한 순간에 질문해야 하는 것들』, 존 맥스웰, 비즈니스북스, 2015

『하버드 새벽 4시 반』, 웨이슈잉, 라이스메이커, 2014

『논어』, 공자, 홍익출판사, 2005

『소크라테스의 변명』, 플라톤, 문예출판사, 1999

『생각하는 대로 살지 않으면 사는 대로 생각한다』, 은지성, 황소북스, 2012

『알리바바 마윈의 12가지 인생강의』, 장옌, 매일경제신문사, 2014

『사랑하라, 한 번도 상처받지 않은 것처럼』, 류시화, 오래된 미래, 2005

『나는 이렇게 될 것이다』, 구본형, 김영사, 2013

『혼자 있는 시간의 힘』, 사이토 다카시, 위즈덤하우스, 2015

『네가 헛되이 보낸 오늘은 어제 죽어간 이가 그토록 기다리던 내일이다』, 원재훈, 문학동네, 2011

『세상의 중심에 너 홀로 서라』, 랄프 왈도 에머슨, 씽크뱅크, 2009

『세계 최고의 인재들은 왜 기본에 집중할까』, 도쓰카 다카마사, 비즈니스북스, 2014

『어떻게 살 것인가』, 고은 · 김상근 · 박승찬 외 9명, 21세기북스, 2015

『생애 최고의 날은 아직 살지 않은 날들』, 정호승 · 법륜, 조화로운 삶, 2007

『독서는 절대 나를 배신하지 않는다』, 사이토 다카시, 걷는나무, 2015

『끝까지 하는 힘』, 김이율, 판테온하우스, 2010

『군주론』, 마키아벨리, 까치, 2015

『천 개의 성공을 위한 작은 행동의 힘』, 존 크럼볼츠 · 라이언 바비노, 프롬북스, 2014

『한 번은 독해져라』, 김진애, 다산북스, 2014

『버킷리스트』, 강창균 · 유영만, 한경비피, 2011

『태도에 관하여』, 임경선, 한겨레출판, 2015

『미움받을 용기』, 고가 후미타케 · 기시미 이치로, 인플루엔셜, 2014

『내 나이가 어때서』, 오정욱, 유심, 2015

『그대, 스스로를 고용하라』, 구본형, 김영사, 2005

『스물일곱, 이건희처럼』, 이지성, 다산라이프, 2010

『멈추면 비로소 보이는 것들』, 혜민스님, 쌤앤파커스, 2012

『니체의 말 "인생을 최고로 여행해라"』, 프리드리히 니체, 삼호미디어, 2010

책이 이끄는 대로 인생길을 가다 보면
행복한 에너지가 팡팡팡 샘솟습니다!

권선복
(도서출판 행복에너지 대표이사, 한국정책학회 운영이사)

인생을 살아가다 보면 수없이 많은 두 갈래 길을 마주치곤 합니다. 그럴 때마다 어떻게 해야 할지 망설일 수밖에 없으며 어떠한 선택을 하더라도 후회는 남기 마련입니다. 최선의 결과를 이끌어낸 후에도 또다시 끊임없는 질문에 답을 해야만 하는 인생. 길이 없는 정글 속이나 사막 위를 걷는 것처럼 느껴지는 순간이 우리 생에는 너무도 많습니다. 여러 명도 필요 없습니다. 그럴 때마다 명쾌하게 길을 안내해 줄 이정표가 될 만한, 스승 한 분만 있다면 얼마나 좋을까요.

책 『책장 속의 키워드』는 선택의 순간마다, 위기의 순간마다, 성찰의 순간마다 가르침을 주는 책의 위대한 힘을 어떻게 활용할 것인가에 대해 이야기합니다. '더 나아지려는 사람을 돕는다'는 비전으로 '윤슬 성장경영 연구소'를 운영 중인 저자의 독서 내공이 고스란히 담긴 이 책은 다양한 베스트셀러와 스테디셀러를 사례로 내세우며 자기계발의 극대화 방안을 제시합니다. 자신의 삶을 스스로 이끌어 가기 위해 가장 필요한 '키워드'가 무엇인지를 여러 책 속에서 끄집어내어 독자의 머리와 마음에 심어주고 있습니다.

저자는 늘 말합니다. "생각대로 살지 않으면 사는 대로 생각하게 된다." 누구에게나 기회가 열려 있지만, 조금만 걸음을 늦추면 세상이 흘러가는 대로 함께 흘러가 자신의 삶을 놓쳐 버리는 곳이 바로 현대사회입니다. 자신이 원하는 바를 성취하기 위해, 무엇을 공부하고 무엇에 열정을 쏟아야 할지를 우리는 '인류의 위대한 스승, 책'에게 배워야 할 것입니다. 이 책이 일상에 지쳐 꿈과 점점 멀어지는 삶을 살아가는 이들에게 하나의 위로이자 자극이 되어주길 바라오며, 모든 독자 분들의 삶에 행복과 긍정의 에너지가 팡팡팡 샘솟으시기를 기원드립니다.

하루 5분나를 바꾸는 긍정훈련

행복에너지

'긍정훈련'당신의 삶을
행복으로 인도할
최고의, 최후의'멘토'

'행복에너지
권선복 대표이사'가 전하는
행복과 긍정의 에너지,
그 삶의 이야기!

인터파크
자기계발 분야 주간
베스트 1위

권선복 지음 | 15,000원

권선복

도서출판 행복에너지 대표
지에스데이타(주) 대표이사
대통령직속 지역발전위원회
문화복지 전문위원
새마을문고 서울시 강서구 회장
전) 팔팔컴퓨터 전산학원장
전) 강서구의회(도시건설위원장)
아주대학교 공공정책대학원 졸업
충남 논산 출생

책『하루 5분, 나를 바꾸는 긍정훈련 - 행복에너지』는 '긍정훈련' 과정을 통해 삶을
업그레이드하고 행복을 찾아 나설 것을 독자에게 독려한다.
긍정훈련 과정은[예행연습] [워밍업] [실전] [강화] [숨고르기] [마무리] 등
총 6단계로 나뉘어 각 단계별 사례를 바탕으로 독자 스스로가 느끼고 배운 것을
직접 실천할 수 있게 하는 데 그 목적을 두고 있다.
그동안 우리가 숱하게 '긍정하는 방법'에 대해 배워왔으면서도 정작 삶에 적용시키
지 못했던 것은, 머리로만 이해하고 실천으로는 옮기지 않았기 때문이다. 이제
삶을 행복하고 아름답게 가꿀 긍정과의 여정, 그 시작을 책과 함께해 보자.

『하루 5분, 나를 바꾸는 긍정훈련 - 행복에너지』